Jörg Berger

Der Garten der Liebe

Anleitung zur blühenden Zweisamkeit

Jörg Berger

Der Garten der Liebe

Anleitung zur blühenden Zweisamkeit

SCM
Hänssler

SCM

Stiftung Christliche Medien

SCM Hänssler ist ein Imprint der SCM Verlagsgruppe, die zur Stiftung Christliche Medien gehört, einer gemeinnützigen Stiftung, die sich für die Förderung und Verbreitung christlicher Bücher, Zeitschriften, Filme und Musik einsetzt.

FSC www.fsc.org
MIX
Papier aus verantwortungsvollen Quellen
FSC® C014496

Max-Eyth-Straße 41 · 71088 Holzgerlingen
Internet: www.scm-haenssler.de; E-Mail: info@scm-haenssler.de

Umschlaggestaltung: Kathrin Spiegelberg, Weil im Schönbuch
Titelbild: stocksy.com
Satz: typoscript GmbH, Walddorfhäslach
Druck und Bindung: GGP Media GmbH, Pößneck
Gedruckt in Deutschland
ISBN 978-3-7751-5829-9
Bestell-Nr. 395.829

Inhalt

Einleitung

»Tun Sie etwas für Ihre Liebe!«, hallt es aus allen Medien. Doch dadurch gerät die Liebe unter Leistungsdruck. Denn es bedeutet ja auch: »Wenn etwas nicht so gut gelingt, dann habt ihr nicht genug getan!« Und jeder Partner kann vom anderen fordern: »Wir müssen reden.« – »Wir müssen intim sein.«

Wenn das, was eigentlich gut und richtig ist, zur Forderung wird, dann ist es höchste Zeit für einen Perspektivwechsel: Die Liebe wird nicht gemacht, sondern sie wächst. Sie benötigt zwar einen geschützten Raum, um zu gedeihen. Doch das Entscheidende geschieht ohne unser Zutun in unseren Herzen.

So dürfen Sie dieses Buch lesen: nicht als Anforderungskatalog, den Sie abarbeiten müssen, sondern als Ratgeber, der Ihr Gespür für die Wachstumsbedingungen der Liebe schult.

Sicherlich werden Sie hier und da etwas Neues sehen und überrascht feststellen, was da Schönes aufwächst. Sie werden erkennen, was besser im Schatten der Vertraulichkeit gedeiht und was Sie der Sonne aussetzen dürfen, indem Sie es mit anderen teilen. Sie werden entdecken, dass auch Gießen und Düngen Freude macht, wenn man es gemeinsam tut. Sie werden Unkraut früher erkennen und entfernen, bevor es sich sich zwischen schönen Pflanzen festsetzt. Und Sie werden lernen, wie Sie mit dornigen Pflanzen umgehen müssen, damit Sie sich nicht stechen.

Die meisten Kapitel dieses Buches sind bereits als Artikel in der Zeitschrift Family erschienen. Deshalb ist jedes Kapitel auch für sich alleine verständlich. Das hat den Vorteil, dass Sie dieses Buch nicht von vorne nach hinten lesen müssen. Gehen Sie ruhig direkt zu den Themen, die für Sie gerade wichtig sind.

Vielleicht erlaubt Ihr Leben ohnehin gerade keine ausführlichen Schmökerzeiten. Dann passen die in sich abgeschlossenen Kapitel gut in eine Kaffeepause oder in die kurze Spanne, die wir abends nach der Arbeit noch auf dem Sofa haben oder bevor uns bei der Gutenachtlektüre die Augen zufallen.

Die Gesprächsanstöße am Ende jedes Kapitels können Sie auf unterschiedliche Weise nutzen:

Alleine. Suchen Sie einen ruhigen Wohlfühlort auf und lassen Sie sich von den Fragen berühren. Halten Sie Ihre Gedanken in einem Notizbuch oder in einer Notiz-App fest. Vielleicht wollen Sie sich mit Ihrem Partner bald darüber austauschen. Vielleicht lassen Sie Ihre Einsichten aber auch erst einmal einige Zeit in Ihrem Inneren reifen.

Zu zweit. Bei der Gestaltung dieses Buches habe ich natürlich besonders an Paare gedacht, die neue Anregungen für ihre Liebe suchen. Vielleicht haben Sie sogar einen regelmäßigen gemeinsamen Abend, wie ihn sich manche Paare nehmen. Diese lesen bei solchen Abenden gelegentlich etwas, das sie inspiriert, und tauschen sich darüber aus.

Sie denken, dass Sie den anderen schon gut kennen? Dann lassen Sie sich überraschen, was Sie in den einzelnen Kapiteln noch aneinander entdecken.

Zu viert oder in einer größeren Gruppe. Vielleicht wollen Sie Ihrem nächsten Treffen mit einem anderen Paar einen inspirierenden Gesprächsanstoß geben. Dann könnten Sie gemeinsam eines der Kapitel lesen und sich von den Fragen am Ende anregen lassen.

Oder beide Paare lesen das Buch, und Sie tauschen sich über das Thema aus, das Sie am meisten interessiert. Kirchliche Haus- und Bibelkreise wählen außerdem manchmal Partnerschaft als Thema. In diesem Fall kann ein Kapitel des Buches als Grundlage dienen; die Fragen helfen dann bei der Gesprächsführung.

Ist dieses Buch auch für Paare geeignet, die in eine Krise geraten sind? Ja und nein. In einer schweren Krise sind beide Partner so wund, dass jede Berührung wehtut. Alles, was der Partner dann tut, wirkt auf den anderen wie ein Angriff, eine Gleichgültigkeit oder ein Versagen. Plötzlich ist fast alles falsch. Hier kann nur professionelle Hilfe einen Ausweg zeigen.

In leichten bis mittelschweren Krisen bleiben jedoch Bereiche in der Liebe, die schön sind. Die kann man pflegen und gestalten. Manche Paare entwachsen dann einer Krise. Es wird allmählich besser und keiner kann sagen, warum eigentlich. Aus der Paarforschung weiß man: Je mehr Schönes es gibt, desto mehr Mut und Fantasie bringen Paare auf, auch Schwieriges anzugehen.

Deshalb kann dieses Buch auch in einer Krise eine Hilfe sein. Konzentrieren Sie sich dann auf die schönen Seiten Ihres Gartens und lassen Sie diese blühen. In einigen Kapiteln finden Sie aber auch Anregungen, wie Sie Bereiche Ihres Gartens umgestalten können, die verwildert oder zu karg geworden sind.

Was wäre die Liebe, die Sie in Ihren Garten investieren, ohne die geheimnisvollen Gesetzmäßigkeiten, die aus einem kleinen Samen eine wunderschöne Pflanze werden lassen? Und was wäre Ihr Einsatz ohne die wunderbaren Kräfte, die Sie zwar nutzen, aber über die Sie nicht verfügen können: Licht, Wärme und die Naturgesetze, die im Keimen, Wachsen und Blühen ihr Werk tun?

Wie die Schöpfung, so hat auch die Liebe eine spirituelle Grundlage, ob uns das bewusst ist oder nicht. Liebe gedeiht besser, wenn sich Paare immer wieder den guten Kräften Gottes aussetzen. Wo Paare einen Sinn im Leben finden, macht das außerdem ihre Beziehung widerstandsfähiger (siehe auch das Kapitel »Schädlinge bekämpfen: Den Härten des Lebens standhalten«).

Ich selbst bin im christlichen Glauben verwurzelt und begleite viele Menschen, die kirchlich geprägt sind. Deshalb schöpfe ich in einigen Kapiteln aus den Quellen des christlichen Glaubens. Wenn Sie nicht oder an etwas anderes glauben, dann befragen Sie an diesen Stellen gerne Ihren eigenen Glauben oder Ihre eigene Weltanschauung: Zu welchen Quellen werden Sie geführt?

Denn Sie werden merken: Die Liebe stellt uns manchmal vor Fragen, die weit über das hinausführen, was die Psychologie beantworten kann.

Dieses Buch verdanke ich ganz unterschiedlichen Menschen. Zunächst den Redakteuren der Family – Bettina Wendland, Martin Gundlach und Christof Klenk – und etwa einem Dutzend Autoren, die wie ich dem freien Redaktionskreis der Zeitschrift angehören. Einmal im Jahr spüren wir Themen nach, die Paaren und Familien auf dem Herzen liegen (die Redakteure natürlich häufiger).

Christof Klenk hat die Artikel lektoriert, auf denen dieses Buch aufbaut, und sie klarer und leserfreundlicher werden lassen. Michaela Wölfle und Marcus Beier (SCM Verlag) haben die Entstehung des Manuskripts konzeptionell begleitet, Damaris Müller hat es fachkundig lektoriert.

Dankbar bin ich natürlich auch den Paaren, die mir viel Vertrauen geschenkt und mir offenbart haben, was sich im tiefen Erdreich ihrer Beziehung abspielt. Die Fallbeispiele dieses Buches sind stark verfremdet und häufig aus mehreren, ähnlich gelagerten Fällen zusammengesetzt.

Wie man von einem Psychotherapeuten erwartet, dass er selbst einigermaßen mit sich und dem Leben klarkommt, erhofft man sich von einem Paartherapeuten, dass auch seine eigene Liebesbeziehung gelingt. Das macht mir meine Frau Myriam leicht, mit der ich seit über 20 Jahren sehr glücklich bin. Sie verzeiht mir auch die Phasen, in denen ich mich intensiv mit der Liebe anderer Menschen befasse.

Nun wünsche ich Ihnen viele Aha-Effekte, gute Ideen, die Sie umsetzen können, und Momente neuen Verliebtseins!

Gemeinsam mit Ihnen auf dem Weg,

Ihr
Jörg Berger

Anleitung zu einer blühenden Zweisamkeit

Licht, Wasser, Wärme, Luft und ein paar Nährstoffe – Pflanzen benötigen nur ein paar elementare Dinge und schon wachsen und gedeihen sie. Auch die Liebe braucht nur wenige Bedingungen, die leicht zu beschaffen sind. Die meisten von ihnen sind sogar kostenlos.

Die Liebe benötigt vor allem *Zeit und Aufmerksamkeit*. Ob es Worte sind, Berührungen oder gemeinsame Erlebnisse, durch die wir uns verbunden fühlen – für alles müssen wir uns Zeit nehmen. Wo Partner einander keine Zeit mehr schenken, da verkümmert ihre Liebe.

Außerdem ist es für die Liebe sehr wichtig, dass unser Bedürfnis nach *Wertschätzung* gestillt wird. Es gehört zu den tiefsten Bedürfnissen, die wir Menschen haben. Deshalb reicht uns gewöhnlich kein oberflächliches Lob wie etwa: »Das hast du toll gemacht.« Sondern wir möchten durch die Worte des anderen spüren, dass wir in unserer einmaligen Persönlichkeit wahrgenommen und geschätzt werden. Wir brauchen die Chance zu zeigen, wie wir wirklich sind, und Gelegenheiten, die es uns ermöglichen, den anderen mit unseren Gaben zu beschenken.

Echte Wertschätzung beginnt daher mit liebevoller Aufmerksamkeit: Ein Mann entdeckt die kreativen Kleinigkeiten, mit denen seine Frau die Wohnung verschönert. Er würdigt ihren Sinn für Schönheit und ihre Gabe, im Alltag das Leben zu feiern. Eine Frau interessiert sich für die Kämpfe, die ihr Mann im Beruf ausficht, und wie er dadurch nicht nur eine Existenzgrundlage für die Familie schafft, sondern auch wichtige Projekte voranbringt, die das Leben vieler Menschen verbessern. Wertschätzung reicht also in die Tiefe unserer Persönlichkeit und ist eine wesentliche Wachstumsbedingung für unsere Liebe.

Liebe gedeiht außerdem nur in einem *Klima der Intimität.* Manchmal kommen Partner zu mir, denen die Intimität verloren gegangen ist. Sie haben sich nicht nur vom Sex zurückgezogen, sondern wagen auch im Gespräch keine Offenheit mehr voreinander. »Wie in einer WG« oder »wie Bruder und Schwester« – mit solchen Bildern beschreiben Partner dann ihr Zusammenleben. Sie haben etwas verloren, was die Liebe im Tiefsten ausmacht: die Sehnsucht, mit dem anderen eins zu werden. Die Liebe pflegen heißt daher auch, einander intime Nähe zu schenken: Momente tiefer Selbstöffnung, intensiver Zärtlichkeit und sexueller Verschmelzung.

Auch *gemeinsame Erlebnisse* dienen dem Wachstum der Liebe. Aus ihnen ergibt sich die einzigartige Geschichte eines Paares. Neue Erlebnisse prägen sich tief in unserer Erinnerung ein und verbinden uns mit dem Menschen, der diese Erlebnisse mit uns teilt. Wie jeder Garten manchmal neue Pflanzen braucht, brechen Paare, deren Zweisamkeit blüht, immer wieder zu neuen Erlebnissen auf: ein Ausflug an unbekannte Orte, eine herausfordernde gemeinsame Aufgabe, eine Berührung mit einer fremden Kultur, eine Begegnung mit Menschen, die noch nicht zum Freundeskreis gehören.

Schließlich ist die *Freiheit* wie die Luft in der gelockerten Erde, die eine Pflanze atmen lässt. Partner setzen einander frei, auch einmal etwas ohne den anderen zu tun. Sie erlauben einander, dafür Zeit und Geld einzusetzen. Denn die gegenseitige Anziehung beruht auch darauf, den anderen vorübergehend fern und anders sein zu lassen. Die Zeit, in der jeder Partner eigenen Dingen nachgeht, lädt die erotische Spannung wieder auf.

Freiheit hat außerdem einen praktischen Aspekt: Partner unterstützen sich gegenseitig bei den Aufgaben, die sie gewählt haben oder auf sich nehmen müssen. Dafür verzichtet man auch einmal aufeinander. Die Liebe wird dann zu einer sicheren Basis, von der aus beide Partner zu ihren Missionen aufbrechen. Sie ermutigen einander und interessieren sich für die Erfolge des anderen.

Die Liebe blüht, wenn die Wachstumsbedingungen in einem harmonischen, ausgewogenen Verhältnis zueinander stehen. Zu viele neue Erlebnisse würden ein Paar erschöpfen, zu viel Intimität macht die Liebe schal, zu viel Freiheit führt zu Entfremdung. Liebende, deren Beziehung gedeiht, sorgen für ein gutes Maß an aufmerksamer Zweisamkeit, Wertschätzung, Intimität, gemeinsamen Erlebnissen und Freiheit.

Leider wird unsere Liebe in der Gesellschaft auch Kräften ausgesetzt, die sie stören oder sogar gefährden können.

Unkraut

Unkraut ist eigentlich nicht hässlich, finde ich. Manches blüht sehr schön und jede Pflanze hat schließlich ihren eigenen Reiz. Zum Unkraut wird es durch eine ganz andere Eigenschaft: Es vermehrt sich so stark, dass es sich zwischen andere Pflanzen drängt und diesen den Raum und die Nahrung raubt. Unkraut setzt sich durch und überwuchert die zarteren Gewächse.

Genauso verhält sich das »Unkraut«, das unsere Liebe ersticken kann: Wir übernehmen Aufgaben und Verpflichtungen, die vielleicht interessant oder wichtig sind, uns aber die Zeit für Zweisamkeit rauben. Das kann so aussehen wie in den folgenden Beispielen:

Heiner ist nicht nur eine Führungskraft in seinem Job, sondern auch Präsident seines Tennisklubs. Er übt hier wie dort einen positiven Einfluss aus. Aber für die Liebe bleibt kaum noch Zeit, und wenn Heiner schließlich Zeit mit seiner Frau verbringt, hat er manchmal so viel im Kopf, dass er gar nicht richtig anwesend ist.

Vera telefoniert täglich mit ihrer Mutter. Ihr Mann freut sich über den Rückhalt, den sie bei ihrer Mutter findet, gerade wenn sie einmal durch schwere Zeiten geht. Aber nicht selten hat das Telefonat gerade so viel Zeit beansprucht, dass es schon zu spät war, um sich noch einmal gemütlich zusammenzusetzen.

Manchmal muss sich ein Paar zu schmerzhaften Schritten entscheiden, damit die Liebe nicht überwuchert wird. Auch das gehört zur Pflege der Liebe. Einzelnen Paaren, die bei mir Hilfe suchen, muss ich sagen: »Wenn Ihr Leben so voll bleibt, wird Ihnen nichts helfen, was ich Ihnen anbieten könnte.« Dann beginnen wir, das Unkraut zu jäten. Erst wenn der Garten befreit ist, kann nämlich die eigentliche Gartenarbeit beginnen.

Wenn Paare erkennen, wie schädlich manche Menschen oder Verpflichtungen sind, haben sie schon den halben Weg zu einer Veränderung zurückgelegt. Manchmal schmerzt es, wenn man einen Kontakt einschränkt oder eine Verantwortung abgibt, weil sie einem etwas bedeutet haben. Viel häufiger sind es jedoch ein falsches Verantwortungsgefühl oder Schuldgefühle, die dem Unkraut Raum im eigenen Garten geben.

Natürlich werden Sie Menschen enttäuschen, wenn Sie etwas aus Ihrem Leben entfernen, das entbehrlich ist. Vielleicht wird Ihnen sogar jemand Vorwürfe machen, ins Gewissen reden oder schnippische Bemerkungen loslassen. Aber ist Ihr Glück nicht auch solche unangenehmen Momente wert? Und wer bestimmt eigentlich, wozu Sie verpflichtet sind? Wenn Ihre Liebe gedeiht, ist sie eine Quelle von Kraft, Inspiration, Kreativität und Produktivität. Dann können Sie auch andere Menschen am meisten beschenken.

Schädlinge

Unkraut drückt die Liebe an den Rand des Lebens und nimmt ihr die Luft zum Atmen. Schädlinge dagegen greifen die Liebe direkt an. Sie können Liebenden schaden und sie sogar so verändern, dass ihre Liebesfähigkeit leidet. Das kann durch folgende schädliche Einflüsse geschehen:

- Eltern oder Schwiegereltern regieren in das Leben eines Paares hinein.
- Eine Arbeitssucht hält einen Mann gefangen.
- Stress wirkt auf das Nervensystem eines Paares und weckt bei beiden den Selbsterhaltungstrieb – jeder kämpft um sein eigenes Gleichgewicht und verliert den anderen aus dem Blick.

Jeder kann Unkraut beseitigen, wenn er nur entschlossen ist und sich die Zeit dafür nimmt. Doch die Schädlinge muss man kennen. Man kann lernen, was sie anlockt, wo sie sich gerne festsetzen und wie man sie wieder loswird. Etwas Know-how dafür finden Sie in diesem Buch. Nur bei sehr schlimmem Befall brauchen Sie vielleicht einen professionellen Schädlingsbekämpfer.

Unkraut und Schädlinge erfordern unsere Wachsamkeit, damit sie unserem Garten nicht schaden. Aber sie sollen uns natürlich nicht vom Eigentlichen abhalten: einen Ort voller Schönheit zu schaffen. Dabei spielen Quellen eine wichtige Rolle.

Quellen

Verliebte, denken wir, brauchen nur einander, um glücklich zu sein. Dabei übersehen wir jedoch: Jeder Partner schöpft aus inneren Quellen und hat dadurch Gedanken, Gefühle, Vorlieben, Motivationen und Fähigkeiten, die er teilen kann.

Schon unsere *Herkunftsfamilie* und was wir dort erfahren, sind eine schier unerschöpfliche Quelle. Auch wenn wir vielleicht manche Verletzungen erlitten haben, entspringen dort unsere Sehnsüchte, unsere Identität und unsere stärksten Antriebe.

Wir können gar nicht verständlich machen, wer wir sind, ohne dass wir Geschichten aus unserer Kindheit erzählen. Viele Verliebte tun das intuitiv. Aber auch langjährige Partner bergen die Schätze ihrer Vergangenheit, wenn sie einander einmal wieder Geschichten aus ihrer Kindheit erzählen. Vieles haben Sie vergessen. Doch das, woran Sie sich erinnern, hat eine Bedeutung.

Von allen Glücksdefinitionen, die es gibt, erscheinen mir zwei für die Liebe besonders hilfreich. Die eine sagt, Glück sei, wenn unsere *Grundbedürfnisse* in überraschender Intensität gestillt werden. Unsere Grundbedürfnisse sind einfach und universell. Wir teilen sie mit allen Menschen, auch wenn der eine mehr von diesem, der andere mehr von jenem braucht: Nähe, Spaß, neue Eindrücke für unsere Sinne, Geborgenheit, Wertschätzung und die Freiheit, das zu tun, was uns entspricht.

Glück hängt daher immer mit unseren Grundbedürfnissen zusammen. Noch niemanden hat zum Beispiel eine Jacht glücklich gemacht. Wer auf einer Jacht glücklich ist, der ist es wegen der Weite des Meeres, des Winds und der Sonne, die er auf der Haut spürt, wegen des unvergesslichen Tages, den er mit seinen Freunden verlebt, wegen des leckeren Essens, das im Freien doppelt so gut schmeckt. Doch dafür braucht keiner eine Jacht. Das gleiche Glück erleben wir auf einem Campingplatz oder sogar an einem Baggersee.

Wo Partner einander helfen, ihre Grundbedürfnisse zu stillen, da führen sie einander zu den Quellen des Glücks. Das erfordert Aufmerksamkeit, Planung und Kreativität, aber auch die einfache Lebensweisheit, dass Menschen unterschiedlich sind: Ihr Partner benötigt manchmal etwas anderes als Sie, um seine Grundbedürfnisse zu stillen.

Suchen Sie immer wieder Möglichkeiten, den anderen zu seiner Glücksquelle zu führen? Lassen Sie sich durch folgende Beispiele inspirieren.

- Regine liebt es, den Alltag hinter sich zu lassen – eine kleine Reise, ein paar neue Eindrücke und ein paar Schmökerstunden mit einem Roman machen sie glücklich.
- Annette zieht es in die Natur. Von einem Familienausflug ins Grüne kann sie die restliche Woche zehren.
- Andreas tankt in der Stille auf. Wenn seine Frau ihn einen halben Tag lang zum Wandern oder Klettern schickt, genießt sie das restliche Wochenende einen gut gelaunten Mann.
- Markus' Liebessprache sind Berührungen. Wenn Katja ihn eine halbe Stunde krault oder massiert, hat sich der Tag für ihn bereits gelohnt.

Auch wenn es weder teuer noch zeitraubend ist, unsere Grundbedürfnisse zu stillen, verführt uns unser stressiger Alltag dazu, an der falschen Stelle zu sparen. Doch die wenige Zeit und das wenige Geld sind dort bestens investiert, wo sie unsere Glücksquellen sprudeln lassen.

Eine zweite Definition von Glück lautet: Glück ist, wenn man so leben kann, wie es der eigenen *Persönlichkeit* und der eigenen *Bestimmung* entspricht. Diese Glücksquelle können wir anzapfen. Denn wir erfahren vor allem am Anfang einer Beziehung: Wo wir geliebt werden, zeigt sich beinahe automatisch das Beste in uns.

Im Laufe der Zeit können wir die Schätze des anderen dann dauerhaft freilegen, so wie die behutsamen Meißelschläge eines Archäologen ein Fossil sichtbar machen. Das gelingt freilich nur, wenn wir die kleinen Meißelschläge des Alltags nicht fürchten und die Persönlichkeitsbildung an uns geschehen lassen.

Glaubende betrachten ihren Partner sogar als Wink vom Himmel: Die Herausforderungen, vor die uns der andere mit seinen Stärken und Schwächen stellt, arbeiten im Lauf der Jahre die einzigartige Persönlichkeit heraus, die Gott in uns hineingelegt hat. Konkret kann das zum Beispiel so geschehen:

- Lisa litt lange unter Benjamins kritischer Art. In der Auseinandersetzung damit wuchs in ihr jedoch eine tiefere Selbstwertschätzung, sodass sie Benjamins kritische Ausbrüche inzwischen nicht mehr persönlich nimmt. Sie sieht sie nun einfach als Zeichen, dass ihr Mann unter Druck steht.
- Simon hat sich von Maren immer wieder bevormundet gefühlt. Er konnte nicht gut Nein sagen und wich Konflikten lieber aus. Im Lauf der Ehe ist er allerdings stärker geworden; er vertritt heute klarer, was er denkt, fühlt und wünscht. Simon mag es zwar immer noch lieber, wenn alles harmonisch abläuft. Aber er schätzt auch die Reibung mit Maren, weil er oft erst dabei erkennt, was er eigentlich will, und auch, worum es Maren geht. Dass sie auch heute noch gelegentlich dominant auftritt, stört Simon nicht mehr: »Ich kann ja dagegenhalten.«

Diese Beispiele zeigen, wie die Eigenarten eines Partners die Persönlichkeit des anderen herausfordern und im guten Fall wachsen lassen. Mehr Beispiele dazu finden Sie im Kapitel »Dornen und Stolperranken: Stacheln in der Partnerschaft«.

Die Sehnsucht nach unserer Bestimmung

Eine letzte Quelle speist sich aus unserer Sehnsucht, etwas Wertvolles zu geben. Sie macht das menschliche Wesen im Tiefsten aus.

Bei manchen ist es eine soziale Aufgabe, andere verschenken sich durch ihr Musizieren oder eine andere künstlerische Begabung. Viele gestalten die Welt durch ihre Ideen und ihr organisatorisches Talent und ermöglichen anderen dadurch ein lebenswertes Leben. Wieder andere geben sich dem Gebet und der Anbetung Gottes hin und ziehen so den Himmel auf die Erde.

Partner können einander helfen, ihre Bestimmung zu finden, oder sich in einer gemeinsamen Berufung ergänzen. Das geschieht zum Beispiel auf diese Weise:

Irene hat ein großes Herz, auch für Menschen, denen es nicht so gut geht. Sie öffnet gerne ihr Haus und lebt Gastfreundschaft. Werner hat handwerkliche Gaben und hat das Haus so ausgebaut, dass sich jeder dort sofort wohlfühlt. Die beiden sind ganz bewusst in einen kleinen Vorort gezogen, weil sie sich dort ein größeres Haus leisten konnten. Und da sie nun ein behagliches Gästezimmer haben, kann ihr Besuch problemlos auch über Nacht bleiben.

Werner braucht den Trubel nicht immer. Nach kurzen Gesprächen zieht er sich gerne zurück, in seine Werkstatt oder in einen stillen Winkel des Hauses. Aber er freut sich trotzdem, dass Leben im Haus ist und sich Menschen hier zu Hause fühlen. Abends betet er mit seiner Frau für das Wohl der Gäste.

»Nach meiner Trennung haben mich die Tage bei euch gerettet!« Oder: »Die Zeit bei euch ist wie eine Oase, in der wir Kraft schöpfen können.« Solche Rückmeldungen geben Irene und Werner das Gefühl, in ihrer Bestimmung zu sein.

Mit der Zeit wird immer besser sichtbar, wie wichtig Quellen für den Garten der Liebe sind. Kein Paar kann von sich aus den Garten zum Blühen bringen. Es könnte zwar auf Regen warten und hoffen, dass der Alltag von alleine bereitstellt, was das Glück wachsen lässt. Doch in manchen Jahren fällt nicht genug Regen. Dann blüht nur ein Garten, der bewässert wird.

Für Liebende ist das der Reichtum der Lebensgeschichte, die beide mitbringen, Momente, die die Grundbedürfnisse beider stillen, sowie das Glück, der eigenen Persönlichkeit und Bestimmung gemäß leben zu dürfen.

Mühe und Freude

Zwar schimpft mancher über die Mühe, die er mit seinem Garten hat, aber keiner, der noch bei Kräften ist, gäbe ihn wieder her. Zu schön sind die Stunden, die man dort verbringt. Zu tief geht die Freude über den Anblick von Blüten und sattem Grün, zu wohltuend ist ein kleines Plätzchen, an dem die Seele zur Ruhe kommt.

Das Bild vom Garten habe ich gewählt, weil es die Gefühle, um die es mir geht, am intensivsten entstehen lässt. Gleiches kann man natürlich auf einer begrünten Terrasse, auf einem Balkon oder auch mit schönen Zimmerpflanzen erleben.

Manchmal begegne ich älteren Paaren, die sehr glücklich sind. Kein einziges dieser Paare hat mir je gesagt: »Wir haben uns nie um unsere Liebe gekümmert. Sie ist ganz von alleine gewachsen.«

Stattdessen berichten diese Paare von Phasen, in denen sie viel gepflanzt und auch gejätet haben. Sie berichten von Momenten, in denen ihre Liebe bedroht war. Doch sie kennen inzwischen die Quellen, die ihre Liebe am Leben halten.

Wenn meine Frau und ich alt sind, dann wollen wir ein Paar sein, das ausstrahlt: »Es gibt sie, die Liebe, die ein Leben lang hält und glücklich macht. Klar, wir haben uns manchmal auch gemüht, damit unsere Liebe gelingt, aber die Freude hat fast immer die Mühe überwogen.«

Anregungen zum Gespräch

- Was hat bei Ihnen wohl am meisten dazu beigetragen, dass Ihre Liebe zueinander gewachsen ist?
- Gibt es Menschen oder Verpflichtungen, die wie Unkraut in Ihren Garten der Liebe eindringen und Ihrer Liebe den Raum nehmen? (Das könnte ein brisantes Gesprächsthema sein, bei dem Sie unterschiedlicher Meinung sind. Diskutieren Sie dann nicht. Hören Sie sich an, was der andere zu sagen hat, und bewegen Sie es einmal in Ruhe im Herzen.)
- Welche Quellen speisen Ihre Liebe? Was bringt jeder Wertvolles aus seiner Herkunftsfamilie ein? Welches Grundbedürfnis macht Sie am glücklichsten, wenn es gestillt wird (Nähe, Spaß, Erlebnisse, Geborgenheit, Wertschätzung, Freiheit)? Was ist das Wertvollste, was jeder von Ihnen zu geben hat, und wem schenken Sie dies zurzeit?

Säen, gießen und beschneiden

Sie haben sich gefunden. Nun liegt die Liebe wie ein weiter Garten vor Ihnen.

Nehmen Sie Ihren Garten in Augenschein: Was macht Sie glücklich? Woran wollen Sie sich gemeinsam freuen? Wo wäre noch ein Plätzchen, um sich gemeinsam zu verwirklichen?

Erst mal gilt es, ein gemeinsames Tempo zu finden, sowohl für das Genießen als auch für die gemeinsame Arbeit. Sie werden gemeinsam Entscheidungen treffen, was einmal leichter und einmal schwerer fällt. Sie werden Zierpflanzen und Nutzpflanzen setzen.

Manchmal kann der Blick in Nachbars Garten inspirieren – dann kann sogar ein wenig Neid zu einer positiven Kraft werden.

Bevor Sie in diesem Kapitel graben, können Sie sich mithilfe folgender Checkliste einen Überblick verschaffen.

Checkliste »Säen, gießen und beschneiden«

Unser Lebenstempo

Ich denke, wir müssten unser Lebenstempo eher einmal verlangsamen. ☐ Ja ☐ Nein

Ich finde, in manchen Bereichen unseres Lebens könnten wir ruhig einen Zahn zulegen. ☐ Ja ☐ Nein

Unser Lebenstempo ist ganz ähnlich, wenn wir unsere Freizeit gestalten. ☐ Ja ☐ Nein

Unser Lebenstempo ist ganz ähnlich, wenn wir gemeinsam an etwas arbeiten. ☐ Ja ☐ Nein

Unsere Entscheidungen

Bei Entscheidungen geht es mir vor allem darum, etwas Tolles zu erleben oder etwas aufzubauen. ☐ Ja ☐ Nein

Bei Entscheidungen geht es mir vor allem darum, Gefahren und Risiken so klein wie möglich zu halten. ☐ Ja ☐ Nein

Ich entscheide eher nach meinem Bauchgefühl.
☐ Ja ☐ Nein

Ich entscheide erst, wenn ich eine Sache gründlich durchdacht habe. ☐ Ja ☐ Nein

Bei unseren Entscheidungen gebe ich vielleicht zu sehr nach.
☐ Ja ☐ Nein

Bei unseren Entscheidungen setze ich meine Vorstellungen vielleicht zu häufig durch. ☐ Ja ☐ Nein

Unsere Bindung

In meinem Elternhaus habe ich Geborgenheit und einen feinfühligen Umgang mit meinen Bedürfnissen erlebt.
☐ Ja ☐ Nein

Unter Stress neige ich etwas zum Anklammern.
☐ Ja ☐ Nein

Unter Stress neige ich manchmal dazu, mich zu distanzieren oder zu fliehen. ☐ Ja ☐ Nein

Es fällt mir leicht, deine Bedürfnisse zu erkennen und feinfühlig auf sie einzugehen. ☐ Ja ☐ Nein

Ich kann meine Gefühle und Bedürfnisse gut spüren und zeigen.

☐ Ja ☐ Nein

Mir fällt es leicht, mich trösten zu lassen, wenn ich traurig bin.

☐ Ja ☐ Nein

Mir fällt es leicht, Hilfe anzunehmen und mir etwas abnehmen zu lassen. ☐ Ja ☐ Nein

Mir fällt es leicht, so viel von mir zu zeigen, dass du mich auch verstehen kannst. ☐ Ja ☐ Nein

Unsere Gefühle

Ich bin in unserer Beziehung wohl diejenige/derjenige, die/der Gefühle offener mitteilt. ☐ Ja ☐ Nein

Du bist in unserer Beziehung wohl diejenige/derjenige, die/der Gefühle offener mitteilt. ☐ Ja ☐ Nein

Ich bin in unserer Beziehung wohl diejenige/derjenige, die/der sich von Gefühlen weniger mitreißen lässt. ☐ Ja ☐ Nein

Du bist in unserer Beziehung wohl diejenige/derjenige, die/der sich von Gefühlen weniger mitreißen lässt. ☐ Ja ☐ Nein

Wenn du Gefühle zeigst, dann verstehe ich die Botschaft deiner Gefühle und weiß, was sie mir sagen sollen. ☐ Ja ☐ Nein

Wenn ich Gefühle zeige, dann verstehst du die Botschaft meiner Gefühle und weißt, was sie dir sagen sollen. ☐ Ja ☐ Nein

Unsere Sehnsüchte

Ich bin in unserer Beziehung diejenige/derjenige, die/der mehr unerfüllte Lebensträume in sich trägt. ☐ Ja ☐ Nein

Manchmal bin ich neidisch auf das, was andere Paare oder Familien in ihrem Leben genießen. ☐ Ja ☐ Nein

Deine Lebensträume bringen mich manchmal unter Druck, weil ich das Gefühl habe, wir müssten noch mehr erreichen.

☐ Ja ☐ Nein

Ein gemeinsames Tempo finden

Nur selten haben Ehepartner das gleiche Lebenstempo. Wo sich der eine erst warmläuft, geht dem anderen manchmal schon die Puste aus. Die Unterschiede zeigen sich ganz früh: Manche Kinder sind immer in Bewegung, andere träumen auch einmal vor sich hin. Manche wollen immer Neues entdecken, andere lieben ihre Höhlen.

Solche Persönlichkeitseigenschaften bestimmen bis ins Erwachsenenalter unser Temperament. Später kommen andere Eigenschaften hinzu, die sich auf das Lebenstempo auswirken. Wer ehrgeizig ist, muss sich in Bewegung setzen. Wer sich dagegen gern in eine Sache vertieft, muss verweilen und anderes an sich vorüberziehen lassen. In der Liebe ziehen sich solche Gegensätze an.

Der Ruhige bewundert die Kontaktfreudigkeit seiner Partnerin – er ahnt noch nicht, dass zahllose Besuche über sein ruhiges Leben hereinbrechen werden. Die Ehrgeizige kommt bei ihrem gelassenen Partner zur Ruhe. Später wird sie seinen Lebensstil als Bedrohung erleben, weil sie auch die gemeinsamen Ziele sehr hochsteckt.

Während des Verliebtseins treffen sich zwei Menschen häufig in der Mitte und jeder genießt die Veränderung des eigenen Lebenstempos. Mit dem Alltag kehren jedoch die alten Gewohnheiten zurück und fordern im gemeinsamen Leben ihr Recht. Dann drückt ein Partner aufs Gaspedal, während der andere bremst. Das setzt beide unter Stress.

Der Langsamere fühlt sich angetrieben und seiner Lebensqualität beraubt. Den schnelleren Partner packt die Angst, zu verkümmern und das Leben zu verpassen. Auf der Instinktebene betrachtet: Während einer den Herztod des Gejagten fürchtet, fürchtet der andere den Tod des lebendig Begrabenen.

Wichtig ist, dass beide wieder eine sichere Basis spüren: »Ich verstehe dich in deinen Bedürfnissen und schenke dir, was du zu deinem Glück brauchst.« Wie das praktisch werden kann, mag folgendes Beispiel zeigen.

Wenn Ruhe nervös macht

Micha bietet gern seine Hilfe an. Am Wochenende rufen manchmal mehrere Bekannte an, die seinen Rat oder seine Unterstützung suchen. Nach einem Ausflug mit seiner Frau macht Micha meist noch einen Umweg, um sich bei jemandem um ein Computerproblem oder Ähnliches zu kümmern. Hanna wird dann zwar auch immer freundlich empfangen, aber eigentlich sind ihr die vielen Besuche zu viel. Am Wochenende sehnt sie sich nach Ruhe und Zweisamkeit.

Einmal hat Hanna vorgeschlagen, dass sie am Samstagabend mit Freunden ins Kino gehen und das übrige Wochenende gemütlich zu zweit verbringen. Im Laufe dieses Wochenendes wurde Micha aber immer gereizter. Die erzwungene Ruhe machte ihn nervös. Die vielen Stunden kamen ihm unausgefüllt und langweilig vor.

In solchen Momenten fragen sich beide Partner, wie sie je einen gemeinsamen Rhythmus finden sollen.

Eine naheliegende Lösung ist für Micha und Hanna befreiend: Auch wenn sie unter der Woche nicht viel Zeit miteinander verbringen konnten, müssen sie nicht das ganze Wochenende zusammen sein. Wenn Micha am Samstagmorgen schon einige Besuche und Telefonate erledigt hat, kann er einen Nachmittag zu zweit im Grünen genießen. Und Hanna, die schon einen gemütlichen Morgen und einen entspannten Nachmittag hinter sich hat, geht dann abends gerne unter Leute.

Auf eine Formel gebracht, hieße diese erste Lösung: Auszeiten schaffen, in denen jeder in seinem Tempo leben kann.

Verlangsamen und Beschleunigen

Zwei weitere Lösungen sind schwieriger umzusetzen: Verlangsamen und Beschleunigen.

Was würde es für Micha bedeuten, sein Lebenstempo etwas zu drosseln? Schnellen Menschen begegnet dabei meist eine innere Leere. Wer einmal Schweigetage im Kloster erlebt hat, kennt vielleicht das unbehagliche Gefühl, vor scheinbar leerer Zeit zu stehen. Ein hilfsbereiter Mensch wie Micha wird sich wahrscheinlich nutzlos fühlen, wenn er einmal »nichts« tut. Andere sehen ihre Konkurrenten an sich vorüberziehen oder haben die Vorstellung, dass sich gerade jetzt anderswo das richtige Leben ereignet.

Doch wenn schnelle Menschen solche Gefühle eine Weile ertragen, dann entdecken sie die Qualitäten eines verlangsamten Lebens: Sie werden achtsamer und leben im Augenblick. Sie spüren sich selbst besser und erkennen ihre wahren Bedürfnisse. Sie entdecken, wie Erlebnisse in ihnen nachklingen und wie interessant es ist, sich mit dem Partner darüber auszutauschen.

Auch die Langsamen können Neues entdecken. Wenn Hanna ihr Lebenstempo beschleunigt, wird sie – wie alle Langsamen, die Fahrt aufnehmen – ab und zu aus dem inneren Gleichgewicht geraten. Hanna ist lieb und gewinnend, sie kann sich zurücknehmen und spürt schnell, wie sie auf andere eingehen muss. Dadurch fällt sie anderen nicht zur Last und muss auch so gut wie nie Konflikte austragen.

Genau das wird sich aber kaum vermeiden lassen, wenn Hanna ihr Lebenstempo erhöht. Dann wird auch sie einmal launisch und auf Verständnis angewiesen sein. Statt sich zurückzuziehen, müsste sie zeigen, wenn ihr in Gemeinschaft etwas zu viel wird. Sie müsste für die eigenen Bedürfnisse offener einstehen. Das ist Hannas Lernfeld, auf dem sie vor allem eines entdeckt: Vertrauen. Sie erfährt, dass die meisten Menschen auch dann für sie da sind, wenn sie einmal unausgeglichen und auf Rückhalt angewiesen ist.

Andere Beschleuniger lernen, dass sie sich höhere Ziele setzen dürfen, und erleben, wie sie bei anderen Rückhalt finden, wenn es einmal schwierig wird. Sie erfahren, dass sie auch einmal durch einen Misserfolg getragen werden. So ist es vor allem Vertrauen, das es für ein beschleunigtes Leben braucht.

Ein Paar kann mit unterschiedlichen Geschwindigkeiten experimentieren. Manchmal geben aber Lebensereignisse den Takt vor, wenn etwa eine Krankheit das Leben ausbremst oder wenn die turbulente Kleinkindphase das Leben beschleunigt. Dann braucht derjenige Partner viel Verständnis, der gegen den eigenen Rhythmus leben muss. In anderen Lebensphasen wird es dann wieder möglich, sich in der Mitte zu treffen.

Wenn beide gelegentlich im eigenen Rhythmus leben dürfen und zugleich das Lebenstempo aufeinander abstimmen, erfüllt sich womöglich eine Verheißung aus der Zeit des Verliebtseins: »Mit dem Temperament meines Partners eröffnet sich eine aufregend andere Welt, die ganz neue Seiten in mir weckt.«

Anregungen zum Gespräch

- Entdecken Sie Unterschiede in Ihrem Lebenstempo? Wenn ja, in welchen Bereichen Ihrer Liebe und Ihres Lebens? Können Sie diese Unterschiede mit den Gewohnheiten und Werten erklären, die Sie jeweils aus Ihrer Herkunftsfamilie mitgebracht haben?
- Mit welcher Regel gleichen Sie Tempounterschiede aus: Der Langsamere muss sich eben anstrengen? Der Schnellere sollte

warten? Wie geht es Ihnen beim Warten oder beim Beschleunigen?

- Wo haben Sie schon gute Erfahrungen dabei gemacht, einen gemeinsamen Rhythmus zu finden?

Das Lebenstempo bestimmt die Dynamik Ihrer Liebe. Vielleicht ist es wie in der Musik am schönsten, wenn langsame und bewegte Sätze einander ergänzen. Dann wird aus Genießen und Zupacken, Ruhe und Einsatz ein harmonisches Ganzes.

Entscheidungen dagegen geben Ihrer Liebe die Richtung vor. Sie steuern mehr und mehr, auf welche Ziele sich Ihr Leben zubewegt, was Sie gemeinsam aufbauen und erleben werden. Deshalb sind Entscheidungen in vielen Paarbeziehungen ein spannendes Thema, manchmal auch ein umkämpftes.

Zusammen gute Entscheidungen treffen

Entscheidungen bestimmen die Richtung unseres Lebens. Sie beeinflussen, wie sich die Liebe entfaltet und welche Gestalt das gemeinsame Leben annimmt. Und manchmal fordern Entscheidungen die Kompromissbereitschaft eines Paares sehr heraus.

»Wir dürfen so vieles gemeinsam entscheiden!« Myriam und ich standen ganz überwältigt vor diesem Privileg, als wir nach der Hochzeit in unsere erste gemeinsame Wohnung zogen. Von der Einrichtung und Organisation unseres Haushalts über die Freizeitgestaltung bis hin zu den Weichenstellungen, die bestimmt haben, wie sich unser Freundeskreis entwickelt – viele Entscheidungen haben eine neue Welt eröffnet, die wir dann gemeinsam betreten durften.

Mit jeder Entscheidung haben wir entweder am Guten aus unseren Herkunftsfamilien festgehalten oder einen eigenen Weg eingeschlagen, der etwas aus unserer Vergangenheit hinter sich gelassen hat. In vielem haben wir so entschieden, wie es die meisten anderen auch tun, einfach weil das unkompliziert und kraftsparend ist. In anderem haben wir Wege gewählt, die selbst für Menschen, die uns nahestanden, erklärungsbedürftig waren. Und natürlich gab es auch umkämpfte Entscheidungen, wenn Prioritäten zunächst weit auseinanderlagen.

In unserer eigenen Beziehung, aber auch bei Paaren, die ich begleite, habe ich folgende Erfahrung gemacht: Unterschiedliche Wünsche und Werte lassen sich zusammenführen. Manchmal geht es schnell, wenn die Unterschiede nicht allzu groß sind, manchmal dauert es länger. Wenn ein Paar aber bei einer Entscheidung nicht weiterkommt, ist es vielmehr der Entscheidungsprozess, der Probleme macht.

Für diesen sind folgende Faktoren wichtig: die Motivation, das Urteilen und die Kompromissbereitschaft. Auf allen drei Ebenen gibt es nämlich jeweils zwei gegensätzliche Herangehensweisen. Das kann Paare in eine Pattsituation bringen.

Die Motivation: Hoffnung oder Furcht

Der Motivationspsychologe Heinz Heckhausen hat zwei gegensätzliche Motivationen entdeckt, die Menschen zu ihren Entscheidungen bewegen: Hoffnung auf Erfolg und Furcht vor Misserfolg. Manche Menschen haben vor allem das Schöne im Blick, das durch eine Entscheidung in ihr Leben kommen könnte. Andere sehen auf die Risiken und wollen diese so klein wie möglich halten.

Sicher können Sie nachvollziehen, dass eine Entscheidungssituation völlig anders aussieht, je nachdem ob einer die Brille einer Erfolgshoffnung oder die Brille eines möglichen Misserfolges aufsetzt:

Antje und Dirk überlegen, ob sie vielleicht einmal auf einer Nordseeinsel Urlaub machen wollen. Antje riecht bereits den salzigen Wind, sieht die Dünen vor sich und spürt das überwältigende Gefühl, ganz von Meer umgeben zu sein. Dirk dagegen sieht die verregneten Tage, an denen die Kinder in der Ferienwohnung quengeln. Er ahnt die teuren Überraschungen, die einem der Einkauf auf einer Insel bescheren könnte.

Gerne würde ich nun empfehlen: »Beides ist wichtig. Die Aussicht auf das Schöne und der Blick auf die Risiken, der vor bösen Überraschungen schützt.« Nur würde das nicht dem Stand der Motivationsforschung entsprechen. Menschen, die durch Hoffnung auf Erfolg motiviert werden, geht es nicht nur besser, sie erreichen auch mehr.

Wenn es hier Unterschiede gibt, lässt sich der ängstlichere Partner besser vom zuversichtlicheren leiten. Natürlich muss man bei Entscheidungen die Risiken prüfen. Sie sollten aber nicht zur ausschlaggebenden Motivation werden.

Das Urteil: Kopf oder Bauch

Jeder Mensch trägt zwei Systeme in sich, um Situationen zu beurteilen: ein intuitives und ein rationales. Das beschreiben zum Beispiel die Psychologin Maja Storch (»Das Geheimnis kluger Entscheidungen«) oder der Wirtschaftsnobelpreisträger Daniel Kahneman (»Schnelles Denken, langsames Denken«).

Unsere Intuition urteilt blitzschnell. Ihr Ergebnis teilt sich oft als Gefühl oder Körperempfindung mit. Dabei wird eine Situation mit vielen ähnlichen Situationen verglichen, die wir schon einmal erlebt haben.

Das rationale Urteilen muss die Situation analysieren und Pro und Kontra gegeneinander abwägen. Das dauert länger und ist grundsätzlich nie abgeschlossen – wer könnte nicht durch weiteres Nachdenken noch andere Aspekte entdecken, die für die Entscheidung eine Rolle spielen?

Auch hier kann ein Paar zu ganz unterschiedlichen Ergebnissen gelangen, wenn ein Partner mehr zum rationalen, der andere zum intuitiven Urteilen neigt. So könnte beispielsweise der Vermögensberater sagen: »Sie können sich das Haus leisten, aber es wird dann schon eng. Sie müssen sich das überlegen, ob Sie unter Umständen ein paar Jahre sehr sparsam leben wollen.«

Ihre Intuition sagt vielleicht: »Das packen wir.« Sein rationales Urteil fühlt sich aber zu einer solchen Entscheidung außerstande. Denn die Faktoren, die entscheiden, wie es finanziell wird, liegen in der Zukunft und sind der Analyse noch nicht zugänglich.

Hier ist es die Entscheidungsforschung, die eine Empfehlung gibt: »Wenn es um eine wichtige Sache geht, dann triff nur eine Entscheidung, bei der sowohl deine Intuition als auch dein rationales Urteilsvermögen zum gleichen Ergebnis kommen.« Paare können also ihr rationales und intuitives Urteilen zusammenführen, wenn sie hier unterschiedlich sind.

Nach dieser Regel sollte sich das Paar in unserem Beispiel nur für das Haus entscheiden, wenn auch das rationale Urteil positiv ausfällt: »Wir sind bisher immer gut und entspannt mit Engpässen umgegangen. Das können wir wagen.«

Wenn es noch kein rationales »Ja« gibt, kann sich das Paar für ein günstigeres Haus entscheiden oder die Entscheidung vertagen und vielleicht einmal ein Jahr lang besonders sparsam leben. Das steigert nicht nur das Eigenkapital, sondern schafft auch Erfahrungswerte, wie es einem Paar in einer finanziell knappen Situation geht.

Die Kompromissbereitschaft: Selbstbewahrung oder Opfer

Es gibt Entscheidungssituationen, die sich nur auflösen lassen, wenn einer ein Opfer bringt. Auch hier kann man auf beiden Seiten vom Pferd fallen.

Manche Partner verhalten sich bei Entscheidungen selbstbezogen. Sie wollen ihre Komfortzone nicht verlassen und verstehen nicht, dass ein gemeinsames Leben manchmal Opfer erfordert. Andere dagegen bringen derart große Opfer, dass sie sich mit den Folgen überfordern, bitter werden oder sich selbst in der Beziehung verlieren.

Führende Paartherapeuten, wie zum Beispiel der Frankfurter Psychoanalytiker Michael Lukas Möller oder der amerikanische Paar- und Sexualtherapeut David Schnarch, raten hier Folgendes: Wo Sie ein Opfer bringen müssten, das Ihrer Persönlichkeit oder Ihren Überzeugungen Gewalt antut, sollten Sie das Opfer nicht bringen.

In allen übrigen Entscheidungen kann es ein starker Ausdruck von Liebe sein, für den anderen ein Opfer zu bringen (und für den anderen ist es dann eine Kunst, das Opfer auch anzunehmen).

In meiner Arbeit mit Paaren orientiere ich mich an der Faustregel: Veto vor Wunsch. Wenn sich der eine etwas wünscht (ein drittes oder viertes Kind, ein Pflegekind, eine kommunenartige Lebensform, ein Aussteigerjahr im Ausland) und sich der andere wirklich damit überfordert fühlt, schadet es der Beziehung weniger, wenn einer verzichtet, als wenn der andere sich auf etwas einlässt, das ihn dauerhaft überfordert.

Beides, ein Verzicht oder ein Opfer, kann ein Paar an die emotionalen Grenzen führen. Es kann dann entlastend sein, sich in einigen Gesprächen durch den Entscheidungsprozess begleiten zu lassen.

Das Einnehmen unserer ersten Wohnung und unseres gemeinsamen Lebens ist inzwischen 19 Jahre her. Wir haben seither viel miteinander erlebt und aufgebaut, was wunderschön ist. Aber wir haben auch einiges nicht erreichen können, was uns heute manchmal schmerzt. Das Leben ist begrenzt und unsere Entfaltungsmöglichkeiten sind es ebenfalls.

Zum Entdeckermut haben wir im Laufe der Jahre eine weitere Fähigkeit gewonnen: die Fähigkeit zum Verschmerzen dessen, was nicht möglich war. Manche scheuen den Schmerz aus Furcht, er verderbe einem, was schön im Leben ist. Aber wir erfahren zusammen mit vielen anderen Paaren: Wer sich ab und zu schmerzlichen Gefühlen stellt und betrauert, was nicht möglich war, kann von Herzen loslassen. Das vertieft das gemeinsame Glück.

Anregungen zum Gespräch

- Wo haben Sie schon gute Bauchentscheidungen getroffen? Wo war es wichtig, dass Sie sich vor einer Entscheidung gründlich informiert und alle möglichen Folgen in Betracht gezogen haben?
- Wo gibt es bei Ihnen beiden die größten Unterschiede im Entscheiden: Wagnisse oder Risikovermeidung? Kopf oder Bauch? Nachgeben oder Verhandlungsstärke? Bei welchen Entscheidungen haben Sie diese Unterschiede gut überbrückt oder einander in Ihren Unterschieden gut ergänzt?

Wie unsere Entscheidungen unser Leben und unsere Liebe prägen, das können wir leicht erkennen. Auch andere können beobachten, wie sich unser Leben entwickelt und auf welche Ziele wir zusteuern.

Doch neben diesem äußerlich sichtbaren wächst und gedeiht auch noch ein inneres Leben, das für andere – und auch für uns selbst – nicht immer so leicht zu greifen ist: unsere Bindung aneinander.

Das Geheimnis tiefer Bindungen

Elmars Mutter verlässt einfach den Raum und lässt ihr Kleinkind zurück. Elmar weint und versucht, seiner Mutter zu folgen. Eine fremde Frau kommt auf ihn zu, spricht beruhigend auf ihn ein und versucht, ihn mit Spielzeug abzulenken. Elmar spielt verhalten, schluchzt noch und sieht ab und zu zur Tür. Nun verlässt auch noch die fremde Frau den Raum und Elmar ist ganz allein. Er weint und lenkt sich mit den Spielsachen ab.

Als seine Mutter wieder den Raum betritt, kommt Elmar auf sie zu, lässt sich auf den Arm nehmen und klammert sich an sie. Nach wenigen Minuten hat er sich jedoch beruhigt und erkundet wieder die Umgebung.

Bindungsforscher, die ein Video dieser Szene sehen, klassifizieren Elmar als »sicher gebundenes« Kind. Er hat den Trennungsstress ganz gut bewältigt und sich am Ende durch den Trost seiner Mutter wieder beruhigen lassen.

Jetzt ist Cindys Video dran. Sie zeigt starke Angst, als die Mutter den Raum verlässt, und weint verzweifelt. Die fremde Frau versucht, Cindy zu beruhigen, aber Cindy wendet sich von ihr ab und weint und weint. An Spielen ist für sie nicht zu denken. Dass die Fremde nun auch noch den Raum verlässt, scheint Cindy kaum zu registrieren.

Der Untersuchungsleiter verkürzt die vorgesehene Trennungszeit von drei Minuten und schickt Cindys Mutter wieder in den

Raum zurück. Sie nimmt Cindy auf den Arm, kann ihre Tochter aber kaum beruhigen. Auch nach einigen Minuten weint Cindy noch, und bei jeder Bewegung der Mutter klammert sich Cindy fest an sie, als müsste sie die nächste Trennung verhindern.

»Unsicher-ambivalent gebunden«, lautet das Urteil der Bindungsforscher.

Das nächste Video löst beim Betrachten Beklemmung aus. Robert reagiert nicht auf die Abwesenheit seiner Mutter, er spielt unbekümmert weiter. Zu der fremden Frau nimmt Robert so selbstverständlich Kontakt auf, als würde er sie täglich sehen. Und auch ihr Verlassen des Raumes erträgt er unbewegt und spielt vor sich hin.

Auf die Rückkehr seiner Mutter reagiert Robert nur mit einem Seitenblick. Die Mutter nimmt Robert auf den Arm, der dreht sich aber von ihr weg und will lieber weiterspielen. Die Bindungsforscher klassifizieren Robert als »unsicher-vermeidend gebundenes« Kind.

Natürlich haben sich die Bindungsforscher gefragt, ob Robert nicht einfach ein besonders pflegeleichtes und unabhängiges Kind ist. Man kann jedoch nachweisen, dass Robert in der Trennungssituation genauso unter Stress steht wie Elmar und Cindy. Dazu untersucht man den Speichel auf das Stresshormon Cortisol. Auch Robert erlebt den Trennungsstress, unterdrückt aber die angeborene Bindungsreaktion.

Feinfühligkeit – der Schlüssel zur guten Bindung

Wie aussagekräftig ist dieser kurze Eindruck im Labor von Bindungsforschern? Damit haben sich viele weitere Studien beschäftigt. Heute kann man sagen, dass der Fremde-Situations-Test eine verlässliche Methode ist, um die »Bindungsqualität« von kleinen Kindern einzuschätzen.

Die Qualität der frühen Bindung wirkt sich erheblich auf das weitere Leben aus. »Sicher gebundene« Kinder zeigen in Kindergarten und Schule kaum Verhaltensauffälligkeiten und emotionale Probleme. Sie spielen fantasievoll und können Konflikte mit anderen lösen. Im Jugendalter sind sie selbstsicher und können mit ihren Gefühlen besser umgehen.

Wie kommt es zu diesen folgenreichen Unterschieden in der Bindungsqualität? Um diese Frage zu klären, haben Bindungsforscher lange beobachtet, wie Eltern mit ihren Säuglingen und Kleinkindern umgehen. Ihre Beobachtungen haben sie in dem »Konzept der Feinfühligkeit« zusammengefasst:

Feinfühlige Eltern verstehen die Signale ihrer Kinder richtig und können dadurch gut auf die Bedürfnisse der Kinder eingehen. Außerdem unterstützen feinfühlige Eltern die Selbstständigkeit ihrer Kinder und setzen Grenzen, ohne Ablehnung zu vermitteln.

Weniger feinfühlige Eltern verstehen die Signale ihrer Kinder häufig falsch. Manchmal sehen sie nicht, was ihr Kind braucht; manchmal zwingen sie ihm eine Zuwendung auf, die seinen Bedürfnissen nicht entspricht. Sie stören das Kind beim Spiel und verbauen Erfahrungen von Selbstständigkeit. Das führt zu einer unsicheren Bindung.

Natürlich spielt auch das angeborene Temperament eines Kindes eine Rolle. Es ist leichter, gegenüber einem ausgeglichenen Kind feinfühlig zu sein als gegenüber einem sensiblen Kind, das leicht aus dem Gleichgewicht gerät.

Die Bindungsforschung wirft ein interessantes Licht auf die frühe Erziehung. An dieser Stelle möchte ich aber vor allem zeigen, wie sich die Bindungsqualität auf die Partnerschaft auswirkt. Nur eines zur Beruhigung: Ein Kind, das anhänglich ist oder sich gelegentlich einmal abweisend verhält, hat nicht deshalb schon eine unsichere Bindung.

Für den nächsten Schritt in der Bindungsforschung brauchten die Psychologen vor allem eins: viel Zeit. Sie mussten warten, bis die Kinder älter wurden, ins Jugendalter und schließlich ins Erwachsenenalter kamen. Erst dann konnte sich klären, wie sich die Bindungsqualität auf das spätere Leben auswirkt.

Weil man Jugendliche durch eine dreiminütige Trennung von ihrer Mutter nicht mehr erschüttern kann, entwickelten die Forscher spezielle Interviews, um die Qualität der Bindung im späteren Alter zu erforschen. Heute liegen Daten vor, die viele interessante Fragen beantworten.

Die Macht früher Bindungserfahrungen

Aus sicher gebundenen Kindern entwickeln sich sicher gebundene Erwachsene, Bindungsunsicherheit in der Kindheit setzt sich als Unsicherheit in erwachsenen Bindungen fort.

Etwa 55 Prozent der Erwachsenen haben einen sicheren Bindungstyp, 25 Prozent einen unsicher-vermeidenden und 20 Prozent einen ängstlich-ambivalenten Bindungstyp.

Menschen mit einer sicheren Bindung fühlen sich in der Beziehung zu ihrem Partner sicher und geliebt. Sie können Nähe zulassen und haben dabei keine Angst, ihre Unabhängigkeit zu verlieren. Sie kommen auch gut damit klar, wenn der Partner einmal abwesend ist oder Zeit für sich braucht. Sie zeigen offen, was sie sich vom anderen wünschen, und gehen feinfühlig auf die Bedürfnisse ihres Partners ein.

Menschen mit einem vermeidenden Bindungsmuster – häufig Männer – haben dagegen gelernt, sich vor enttäuschendem oder vereinnahmendem Verhalten ihrer Eltern zu schützen. Das bestimmt auch ihre Partnerschaft. Sie achten wenig auf das Bindungsverhalten ihrer Partnerin, das heißt, sie nehmen deren Annäherung und Fürsorge weniger wahr; zugleich entgeht ihnen auch, wenn sich ihre Partnerin abzuwenden beginnt. Vermeidend gebundene Männer reagieren zudem weniger auf die Bedürfnisse ihrer Partnerin. Sie wirken kühl oder desinteressiert, obwohl sie ihre Partnerin genauso lieben wie andere Männer.

Zum gegenteiligen Verhalten führt ein unsicher-ambivalenter Bindungstyp, der bei Frauen häufiger vorkommt. Menschen mit diesem Bindungstyp sind nicht gerne allein und achten sehr auf das Bindungsverhalten ihres Partners. Aufmerksam registrieren sie Zeichen von Zuwendung, sie bemerken aber auch jede Distanzierung und Unaufmerksamkeit. Dementsprechend schwanken ihre Gefühle zwischen Geborgenheit und Enttäuschung. Auf den Partner wirkt dieses Bindungsmuster manchmal anklammernd. Es scheint ihm, als würde man jede seiner Gesten auf die Goldwaage legen und sie so zum Gradmesser seiner Liebe machen.

Menschen mit diesem Bindungsmuster sehnen sich zwar nach Nähe, können diese aber nicht gut zulassen. Wer aufmerksam ist, beobachtet bei ihnen Verhaltensweisen, die Nähe verhindern, zum Beispiel einen Themenwechsel, wenn das Gespräch tiefer gehen könnte, ein Unterdrücken von Gefühlen und Bedürfnissen, eine sachliche Reaktion, wenn der Partner etwas von sich zeigt.

Sogar auf die Sexualität wirken sich die früheren Bindungserfahrungen aus: Menschen mit unsicherer Bindung haben früher Sex und gehen häufiger fremd. Bindungsunsichere Männer drängen Frauen mehr zu Sex als bindungsssichere, bindungsunsichere Frauen lassen sich häufiger auf Sex ein, den sie nicht wollen. Die Partner von sicher gebundenen Menschen sind nicht nur insgesamt glücklicher in ihrer Partnerschaft, sondern auch sexuell erfüllter.

Eine gute Bindung aufbauen

Vielleicht sind Sie mit dem Glück einer sicheren Bindung ins Leben gestartet und haben einen Partner gefunden, der auch sicher gebunden ist. Dann wissen Sie jetzt, warum es Ihnen so gut miteinander geht.

Das Wissen um die Macht früher Bindungserfahrung schenkt Verständnis für andere Menschen, die es nicht so leicht miteinander haben. Sie kann man am meisten mit dem beschenken, was eine gute Bindung ausmacht: Vertrauen, Annahme, Feinfühligkeit gegenüber Bedürfnissen, Offenheit für das, was die andere Person zu geben hat. Das stärkt die Liebe eines bindungsunsicheren Paares.

Vielleicht ist in Ihrer Beziehung ein bindungssicherer auf einen bindungsunsicheren Menschen gestoßen. Innerhalb der Beziehung ist es nicht immer leicht zu sehen, wer eigentlich zu einer Bindungsunsicherheit beiträgt. Ein Blick auf den Freundeskreis offenbart das aber meist sofort: Der bindungssichere Partner hat viele langjährige, überwiegend harmonische Freundschaften und Kollegenbeziehungen, der unsichere Partner hat wenige enge Beziehungen oder überwiegend komplizierte.

In diesem Fall ist es gut, wenn der bindungssichere Partner das Miteinander prägen kann und der unsichere vom Bindungsverhalten des anderen lernt. Das ist heilsamer als jede Therapie, nach einigen Jahren bildet sich ein sicheres Bindungsmuster heraus mit beglückenden Folgen für die Paarbeziehung.

Vielleicht haben Sie auch beide eine Bindungsunsicherheit mitgebracht. Dann heißt es: Noch mal von vorne anfangen und bei den Kindern lernen. Denn Kinder kommen mit dem perfekten Bindungsverhalten zur Welt: Sie zeigen ihre Gefühle und Bedürfnisse offen, suchen körperliche Nähe und Streicheleinheiten, sie fragen und fragen, plaudern und plaudern, aber wenn ihr Bindungstank gefüllt ist, lassen sie los und erkunden die Welt.

Dieses Verhalten, das das Umfeld motiviert, den Bindungstank zu füllen, wird in der Bindungsforschung »care seeking« genannt (Suche nach Fürsorge). Verliebte praktizieren das beinahe wie Kinder, später finden sie erwachsene Formen davon: Gefühle und Bedürfnisse taktvoll, aber offen ausdrücken, Zärtlichkeit und körperliche Nähe suchen, sich im Gespräch immer wieder neu mit dem anderen verbinden.

Der Partner antwortet mit »care giving«, dem Geben von Fürsorge: wo irgend möglich, feinfühlig auf die Bedürfnisse des anderen eingehen, auf Gefühle mit Verständnis und Annahme reagieren, körperliche Nähe geben, dem Partner Freiheit und Eigenständigkeit schenken, die Grenze der eigenen Zuwendung einfühlsam erklären.

Natürlich darf ein Paar auch mal streiten, natürlich muss man seinem Partner nicht jeden Wunsch erfüllen. Je mehr das Bindungsverhalten sonst stimmt, desto belastbarer ist eine Paarbeziehung in Konflikten.

Die frühen Bindungserfahrungen können ein Nachteil sein, sie sind aber kein Schicksal. Denn jeder kann sich von Menschen prägen lassen, die bindungssicher sind. Jeder kann noch mal von vorne anfangen und Bindungsbedürfnisse zeigen und beantworten lernen.

Anregungen zum Gespräch

- Tauschen Sie sich einmal über die Bindungserfahrungen aus, die Sie in Ihrer Herkunftsfamilie gemacht haben. Erzählen Sie einander ein paar Beispiele, an denen besonders anschaulich wird, wo Sie Geborgenheit oder auch Verunsicherung erlebt haben.

- Falls Sie unter Stress zum Anklammern neigen oder auch zur Bindungsvermeidung: Vertrauen Sie einander an, warum Sie das tun und welche Gefühle dahinterstehen?
- Was müsste der andere tun (oder lassen), damit Sie sich noch geborgener, sicherer und freier in Ihrer Beziehung fühlen könnten?

Die Bindung kann man mit dem Klima vergleichen. Es kann warm und mild sein, aber auch kühl und wechselhaft, je nachdem, ob die Bindung eher sicher oder unsicher ist. Gefühle entsprechen mehr der aktuellen Wetterlage.

Die Botschaft der Gefühle

»Du bist kein richtiger Mann!«

Bennos Oberkörper zuckt zurück, als hätte ihn ein Geschoss getroffen. Er presst die Lippen zusammen und nickt – die Beziehung ist nicht mehr die, die sie noch vor wenigen Minuten war.

Verena wollte eigentlich nur ihre Enttäuschung ausdrücken, dass Benno manchmal so passiv ist, aber ihre Gefühle haben sie mitgerissen und zu drastischen Worten greifen lassen. So meint sie es natürlich nicht, aber muss es jetzt nicht so wirken, als hätte sich im Zorn gezeigt, was sie im Tiefsten über Benno denkt?

Mareike hat geglaubt, ihren Mann zu kennen. Sie versteht nicht, warum die Begegnungen mit ihm so oberflächlich werden und es richtig Mühe bereitet, ein Gespräch am Laufen zu halten.

In den ersten Gesprächen einer Ehetherapie erfährt Mareike, was los ist: Jürgen fühlt sich schon lange davon bedroht, dass Mareike auf Konflikte mit Rückzug reagiert. Sie braucht dann ihre Ruhe, um sich zu sammeln.

Jürgen erlebt das jedoch als Beziehungsabbruch. Um diese negative Erfahrung zu vermeiden, weicht er Themen aus, die Konfliktstoff bieten. Warum hat er über seine Gefühle nie geredet? Sicher hätte es einen Weg gegeben, mit solchen Situationen umzugehen.

Gefühle gestalten Beziehungen

Unkontrollierte Gefühle können eine Paarbeziehung genauso belasten wie lang unterdrückte Gefühle. Die stabilsten Beziehungen haben Partner, die einander Gefühle offen zeigen, deren Intensität aber kontrollieren können.

Emotionspsychologen schreiben Gefühlen zwei wichtige Funktionen zu. Zum einen haben Gefühle eine Signalfunktion: Sie zeigen an, was gerade los ist. Wenn ich zornig werde, hat mich jemand angegriffen oder meine Rechte verletzt. Wenn ich Angst bekomme, ist etwas in Gefahr, das mir wichtig ist. Wenn ich mich schäme, dann ist ein schlechtes Bild von mir entstanden.

Darüber hinaus haben Gefühle eine motivierende Funktion: Zorn lädt mich mit der Energie auf, die ich für eine Auseinandersetzung brauche. Angst macht mich wachsam und fluchtbereit. Scham motiviert mich, Intimes zu schützen oder mein Ansehen wiederherzustellen.

Die Signalfunktion und die motivierende Funktion von Gefühlen helfen uns, Beziehungen zu gestalten. Denn es gibt in Beziehungen vieles, was reguliert werden muss: Nähe und Abstand; das Bild, das von mir entsteht, und das Bild, das ich vom anderen gewinne; Geben und Nehmen; Macht und gegenseitige Unterordnung; Selbstöffnung und Selbstschutz; Bindung und Freiheit; das Gleichgewicht von Vergnügen und Disziplin und vieles mehr.

Abstimmungen in diesen Bereichen finden jede Minute statt, die zwei Menschen gemeinsam verbringen. Man würde verrückt werden, wenn man das alles bewusst regulieren wollte. Doch unsere Gefühle und gefühlsgeleitetes Verhalten regulieren zum Glück vieles automatisch und unbewusst.

Gefühle werden erst dann stark und bewusst, wenn keine befriedigende Regulation gelingt. Das führt dann im besten Fall dazu, dass die Partner darüber nachdenken, was gerade nicht stimmt, und daraufhin etwas verändern. Dabei geht es oft einfach um Kompromisse.

Wie berechtigt zum Beispiel ein Zorn ist, wenn sich ein Partner verspätet, darüber kann man streiten. Sobald aber der Zorn ein Entgegenkommen bewirkt, zum Beispiel eine Entschuldigung oder den Vorsatz, beim nächsten Mal anders zu planen, beruhigt sich meist auch das zornige Gefühl. Dann stellen sich vielleicht sogar verständnisvolle Gefühle ein und damit wäre eine emotionale Annäherung von beiden Seiten geglückt.

Manchmal lassen sich unangenehme Dinge allerdings nicht sofort beseitigen. In solchen Fällen hilft es zunächst sehr, in seinen Gefühlen verstanden zu werden und beim Partner einen Rückhalt zu spüren.

Starke Gefühle bewältigen

Unkontrollierte Gefühle gleichen einem seelischen Dammbruch. Wenn sich Gefühle zu lange angestaut haben, können sogar besonnene Menschen explodieren oder in Verzweiflung versinken.

Manchmal hat der seelische Damm auch Bruchstellen, die in der Lebensgeschichte entstanden sind. Wer zum Beispiel in seiner Kindheit dominiert wurde, den können die Erwartungen seines Partners so unter Druck setzen, dass es zu einem Gefühlsausbruch kommt.

Darüber hinaus gibt es natürlich Lebensereignisse, die jeden emotional überwältigen können: der Kontakt zu einem destruktiven Menschen, beruflicher Druck, ein Verlust, eine finanzielle oder gesundheitliche Not.

In alledem stellt sich die Frage: Wie viel von meinen Gefühlen darf ich meinem Partner zumuten?

Die Antwort ist einfach: So viel, wie er verträgt.

Menschen unterscheiden sich sehr darin, wie sie Gefühlen standhalten können. Die einen können starke Gefühle auffangen, andere geraten dabei an den Rand eines eigenen emotionalen Dammbruchs.

Wer seinem Partner mehr Gefühle zumutet, als dieser verträgt, bringt ihn dazu, abwehrend zu reagieren oder sich zurückzuziehen. Wer seine Gefühle dagegen in einer verträglichen Intensität ausdrückt, wird mit der Zeit die emotionale Toleranz seines Partners erhöhen, weil dieser erlebt, dass Gefühle nicht bedrohlich sind und er mit ihnen umgehen kann.

Manchmal muss man sich einfach dazu entschließen, Gefühle nicht unkontrolliert herauszulassen, um eine Situation wieder in ein ruhigeres Fahrwasser zu lenken. Manchmal sind aber auch spezielle Strategien der Gefühlskontrolle gefragt. Einige hilfreiche Tipps zu diesem Thema finden Sie auf S. 49.

Es ist wichtig, sich den Unterschied zwischen dem Ausagieren und dem Ausdrücken von Gefühlen bewusst zu machen: Wenn Sie Ihre Gefühle ausagieren, setzen Sie sie direkt in Handlungen um, zum Beispiel in Schreien, Rückzug oder Kritik.

Wenn Sie Ihre Gefühle dagegen ausdrücken, öffnen Sie sich dem Partner: »Es macht mich so zornig, wenn du mich nicht ausreden lässt.« Dabei bebt vielleicht Ihr Körper und der Zorn zeigt sich in Ihrer Stimme und Ihrem Gesichtsausdruck. Mit diesem Gefühlsausdruck wird Ihr Partner aber weder angegriffen noch kritisiert.

Daher stehen die Chancen gut, dass das Gefühl hilft, dass Sie sich besser miteinander abstimmen.

Erst wenn sich Ihre Faust ballt oder sich Angriffslust in Ihrem Blick zeigt, ist die Grenze zum Ausagieren eines Gefühls überschritten. Eine solche Körpersprache ist bereits eine Handlung, die der Einschüchterung dient. Dies wird dann meist negative Auswirkungen auf die Beziehung haben.

Gefühle ausdrücken

Manchen Menschen fällt es sehr schwer, Gefühle zu zeigen. Sie verbinden negative Gefühle schnell mit Schuldgefühlen. Abneigung, Ekel, Wut, Eifersucht, Enttäuschung, Traurigkeit und Angst werden dann als schlecht empfunden. Freundliche Menschen, so ist der Eindruck, sollten negative Gefühle nicht zeigen oder am besten erst gar nicht entstehen lassen.

Aber es gibt viele Argumente dafür, auch negative Gefühle zuzulassen und zu zeigen. Nur wenn sich Gefühle zeigen dürfen, werden emotionale Bedürfnisse gestillt, und es entsteht eine Geborgenheit, weil man erlebt, dass sich unangenehme Situationen bei Bedarf verändern lassen. Es belastet den Partner zwar, wenn sich negative Gefühle zeigen; sie sind zugleich aber ein sanfter Anstoß zur Korrektur.

Wenn ich mich unzuverlässig verhalte, was könnte mich besser und natürlicher korrigieren als ein Gefühl der Enttäuschung seitens meiner Frau? Würde mir meine Frau nicht etwas vorenthalten, wenn sie dieses Gefühl unterdrücken würde?

Darüber hinaus haben Gefühle nicht nur eine seelische, sondern auch eine körperliche Komponente. Wenn sie sich ausdrücken dürfen, setzen sie Energie und körperliche Kraft frei.

Wenn man Paare beobachtet, die über viel Energie verfügen, wird man meist feststellen, dass sie mit ihren Gefühlen frei und offen umgehen können. Manche Paare berichten, dass sie nach einem offen ausgetragenen Streit besonders guten Sex haben.

Gefühle drücken sich aus, sobald man sie nicht unterdrückt. Sie bauen sich im Körper auf, bis sie sich in der Körperhaltung, dem Gesichtsausdruck und der Stimme offenbaren. Für ihre Bedeutung lassen sich Worte finden, mit zunehmender Erfahrung immer treffendere.

Mit zunehmender Kenntnis verbessert sich auch die Wahrnehmung: Der Laie sieht in einem Garten Blumen, Sträucher und Bäume. Der Kundige entdeckt Cosmeen und Wandelröschen, Forsythien und Flieder, Zierkirschen und Ebereschen. Wenn Emotionsforscher Worte für Gefühle sammeln, dann entstehen Listen mit über 100 Einträgen.

Harte Schale, weicher Kern

Meist verbergen sich hinter »harten« Gefühlen (hard emotions) wie Zorn oder Abneigung »weiche« Gefühle (soft emotions).

So steht hinter Zorn oft das Gefühl, verletzt oder gekränkt zu sein, zurückgesetzt oder im Stich gelassen zu werden. Diese weichen Gefühle treffen oft viel besser, worum es in einer Situation wirklich geht. Außerdem sind weiche Gefühle vom Partner viel einfacher anzunehmen und zu beantworten.

Gefühle sind ein heißes Thema in Paarbeziehungen. Natürlich lassen sich mit den unten stehenden Empfehlungen nicht alle emotionalen Probleme lösen, die in einer Paarbeziehung entstehen können. Aber diese Tipps können helfen, unnötige Verletzungen zu vermeiden, und sollen ermutigen, Gefühle so weit zu zeigen, dass die emotionale Abstimmung funktioniert.

Wo das gelingt, empfinden Paare ihre Beziehung als authentisch, lebendig und trotzdem harmonisch.

So kontrollieren Sie Ihre Gefühle

Schaffen Sie einen Abstand zwischen sich und dem Auslöser für die Gefühle, sei es ein Gedanke, das Verhalten Ihres Partners oder das Verhalten Dritter. Nehmen Sie sich eine kurze Auszeit, lenken Sie sich mit intensiven Sinnesreizen ab (einen Eiswürfel lutschen, heiß duschen, barfuß auf einem Kiesweg gehen, laute Musik hören).

Nehmen Sie eine Beobachterposition ein, indem Sie alle Dinge genau wahrnehmen, diese aber nicht bewerten: »Ich bin unglaublich wütend, weil mein Mann gerade seine Mutter in Schutz nimmt. Ich zittere vor Zorn und mein ganzer Körper ist angespannt. Ich habe das Gefühl, dass er mir in den Rücken fällt. Am liebsten würde ich meinen Mann jetzt da treffen, wo es ihm am meisten wehtut.«

Reagieren Sie die körperliche Erregung eines Gefühls mit Sport, Haus- oder Gartenarbeit ab.

Hören Sie beruhigende Musik, beten Sie, oder führen Sie eine Entspannungsübung durch, wenn Sie eine kennen.

Notieren Sie, welche Vor- und Nachteile es hat, Gefühle im Zaum zu halten.

Welche Erfahrungen aus der Kindheit lassen Sie so stark auf die Situation reagieren? Machen Sie sich bewusst, welcher Gefühlsknopf bei Ihnen gedrückt wurde:

- Meine Bedürfnisse zählen nicht.
- Ich werde im Stich gelassen.
- Ich werde unfair und rücksichtslos behandelt.
- Ich werde unter Druck gesetzt.
- Jemand bestimmt über mich.

- Ich muss mich wieder aufopfern.
- Ich werde abgelehnt.
- Mir wird nichts zugetraut.
- Ich werde in eine negative Schublade gesteckt.
- Ich bin einer Gefahr schutzlos ausgeliefert.

Befreien Sie sich aus der Hilflosigkeit: Niemand darf heute über Ihre Gedanken, Gefühle und Wünsche bestimmen. Sie müssen nicht ertragen, was unerträglich ist. Es gibt Wege, unangenehme Situationen zu verändern und sich vor Dingen zu schützen, die zu bedrohlich sind. Es gibt Wege, das Bedürfnis zumindest kompromisshaft zu stillen, das gerade auf dem Spiel steht.

Wenn sich nicht gleich eine Lösung findet, dann mit der Zeit. Wenn Sie alleine keine Lösung finden, dann mithilfe von Menschen, denen Sie vertrauen.

Anregungen zum Gespräch

- Wie haben Sie den Umgang mit Gefühlen in Ihrer Herkunftsfamilie erlebt? War es einladend, Gefühle zu zeigen? Und haben Ihre Eltern Sie vor Gefühlsausbrüchen geschützt?
- Wie würden Sie Ihren Gefühlsstil beschreiben? Eher vernünftig und kontrolliert? Eher gefühlvoll und impulsiv? Welche Vorteile und Nachteile liegen jeweils darin?
- Wodurch könnte Ihre Beziehung noch weiter wachsen? Durch einen offeneren Umgang mit Gefühlen? Oder dadurch, dass Sie einander vor Gefühlsausbrüchen schützen und so die Beziehung sicherer und geborgener machen?

- Wann haben Sie zuletzt erlebt, dass der andere die Botschaft Ihrer Gefühle genau versteht?

Liebende wollen natürlich möglichst schöne Gefühle erleben. Doch oft sind es ausgerechnet die »negativen« Gefühle, die Ihre Liebe wachsen lassen, wenn Sie nur deren Botschaft verstehen und eine gute Antwort auf sie finden. Sogar Neid kann Ihre Beziehung weiterbringen.

Wie Neid unsere Sehnsüchte offenbart

Kein Paar gibt gerne zu, dass es neidisch ist. Doch das würde sich lohnen, denn der Neid kann verborgene Wünsche offenlegen und dem gemeinsamen Leben eine neue Richtung geben.

Warum müssen Teubners eigentlich jedem ihr Haus zeigen? Als regelmäßiger Gast muss man immer wieder hören, dass Herrn Teubners Freund Innenarchitekt ist und die vielen liebevollen Details entworfen hat. Man hört die immer gleichen Rufe neuer Gäste: »Schau mal hier, wie die Lampen mit eingemauert sind, toll!«

Teubners Kinder wirken übrigens auch wie eingemauert, so steif und brav trotten sie bei der Führung hinterher. Wer will, kann an ihnen die Zeichen emotionaler Vernachlässigung entdecken. Herrn Teubners Karriere hat eben ihren Preis. Es läuft etwas auseinander bei Teubners.

Sicherlich, ohne sie hätte die Kirche ihr Gemeindehaus wohl nie renoviert bekommen. Gleichzeitig fällt auf, wie knapp die Teubners andere Gemeindemitglieder grüßen. Sie zeigen es nicht, aber sie fühlen sich als etwas Besseres. Das spürt man einfach.

Erfolg macht neidisch. Nicht nur wegen des Geldes. Erfolgreichen Menschen werden auch viele gute Eigenschaften zugeschrieben: Disziplin, Stärke, Menschenkenntnis, Kompetenz. Für den Erfolgreichen ist es leicht, großzügig zu sein und die Früchte seines Erfolges mit anderen zu teilen. Doch diese haben dabei das Gefühl, dass ihre eigene Leistung in den Schatten gestellt wird.

Wer könnte über all das einfach hinwegsehen? Aber nicht nur Erfolg kann Neid wecken.

Schlimmer als Erfolg

Die Schäfers sind so furchtbar entspannt. Sie haben ihr Reihenhaus vorletztes Jahr bezogen, schon viele Grillpartys gegeben, aber immer noch hängen im Flur die nackten Glühbirnen an der Decke.

Außerdem hat man den Eindruck, dass Schäfers über ihre Verhältnisse leben. Wie geht das denn überhaupt mit Reihenhaus und Urlaub in Spanien, wenn er als Industriekaufmann arbeitet? Irgendwo muss doch noch Geld fließen, wahrscheinlich von seinen Eltern. Sie sind tolle Gastgeber, die Schäfers, von den Abenden bei ihnen kommt man entspannt und beschwingt zurück.

Aber das war's dann auch. Hätten Schäfers nicht merken können, dass wir beim Umzug jede Hand hätten brauchen können? Keiner der beiden ist auf die Idee gekommen, Hilfe anzubieten. Schäfers drehen sich um sich selbst: kein Nebenjob, kein Ehrenamt, ja, dann kann man samstags auch bis zum Mittag im Garten frühstücken. Sollen doch die anderen arbeiten.

Gibt es etwas Schlimmeres als den Genuss der anderen? Ja, einen Genuss, den sie nicht verdient haben. Wer hart arbeitet, darf auch genießen. Wer einen Preis dafür zahlt, darf sich etwas vom Leben nehmen.

Aber es gibt Menschen, die scheinen es sich einfach so zu nehmen, und das macht neidisch. Umso neidischer, je disziplinierter und verzichtbereiter man selbst lebt.

Gemeinsamer Neid

Gerade der Gegenpol zum eigenen Lebensstil weckt Neid. Der Disziplinierte beneidet den Genussmenschen und der wiederum beneidet den Disziplinierten um seine Charakterstärke und um die Früchte seiner Leistungsbereitschaft.

Der Hilfsbereite beneidet den, der an sich selbst denkt. Und wer seinen Lebenskreis eng zieht, beneidet den Hilfsbereiten um sein gutes Gewissen und die Liebe, die er bei anderen weckt. Ein sanfter Mensch bewundert den durchsetzungsfähigen und der wiederum den sanften um seine entspannten Beziehungen.

Bei alledem zeigt sich der Neid meist nicht offen, sondern er verbirgt sich unter einer Maske von Distanz, Ärger oder kritischen Bemerkungen.

Wenn Neid nur bei *einem* Partner auftritt, kann der andere gegensteuern. Gefährlich ist indessen der gemeinsame Neid, den ein Paar nicht erkennt: Aus ihm erwachsen Gespräche, in denen die Fehler anderer Paare gefunden, ihre Unarten entlarvt und die Haare in der Suppe ihres Lebens gezählt werden.

Solche Gespräche versetzen ein Paar in eine Gefühlslage, die sich in der nächsten Begegnung mit den Freunden entladen kann: in Bemerkungen, die ein wenig zu scharf sind, um witzig zu sein; in Diskussionen, die etwas zu hart ausgetragen werden und die sich meist um das Neidthema drehen, zum Beispiel um Fleiß kontra Genuss.

Oder es findet ein subtiles Einwirken auf das andere Paar statt, um es von bestimmten Verhaltensweisen abzubringen, die neidisch machen: »Ich glaube, ihr solltet euch etwas mehr Zeit für eure Kinder nehmen (… statt weiter beruflich aufzusteigen).« Manchmal entsteht auch einfach nur eine Distanz, die zwar vor Konflikten schützt, aber trotzdem spürbar ist.

An alldem kann eine Freundschaft zwischen Paaren zerbrechen.

Der Neid zeigt unsere Sehnsucht

Das beste Mittel gegen Neid besteht darin, ihn vor sich selbst zuzugeben. Und schon entspannt sich die Beziehung zu anderen.

Nicht Teubners nerven uns mit ihren Eigenarten, sondern es fällt uns einfach schwer, ihren Erfolg zu ertragen. Nicht Schäfers provozieren uns mit ihrer Lässigkeit, sondern sie gönnen sich lediglich eine Lebensfreude, die wir uns oft versagen. Und damit ist ein Paar jeweils bei seinem eigenen Thema.

Neid ist ein Gefühl, das ausschließlich negativ besetzt ist – zu Unrecht. Wie jedes Gefühl hat Neid nämlich eine gute und eine schlechte Seite.

Kinder zeigen ihn noch unverstellt. Sie zeigen den wütenden Neid, der wegnehmen oder zerstören will. Sie zeigen aber auch den motivierenden Neid: »Das will ich auch haben. Das will ich auch können.« Neid offenbart begehrenswerte Ziele. Er setzt Energie frei.

Dazu ist Neid ein treffsicheres Gefühl: Es gibt viele begabte, erfolgreiche Paare, die wir kein bisschen beneiden. Was andere haben, muss schon zu unserer Sehnsucht passen, damit es Neid weckt. Dadurch kann der Neid Lebensziele aufzeigen oder einen Bereich deutlich machen, der in unserem Leben zu kurz kommt.

Wenn ein Ehepaar gemeinsam neidisch ist, lohnt es sich, der Frage nachzugehen: Worauf eigentlich genau? Wie könnten wir uns das erschließen? Müssen wir im Frühjahr wirklich den Garten neu anlegen oder lassen wir ihn verwildern, setzen uns stattdessen in die Sonne und lesen gemütlich?

Vielleicht ist eine berufliche Investition dran, ein Karriereschritt, eine Fortbildung oder der Onlineshop für Babykleidung, von dem sie schon lange träumt. Vielleicht bleibt aber auch alles beim Alten, aber nun aus Überzeugung: »Wir sind zufrieden mit unserem Leben, auch wenn wir nicht alles haben. Das, was wir haben, passt zu uns und macht uns glücklich.«

Haben und Sein

Besonders tief geht der Neid, wenn er sich nicht darauf richtet, was andere haben, sondern darauf, was sie sind. Jedes Paar verkörpert etwas, das seine Identität ausmacht, das von ihm ausstrahlt und als Reaktion von anderen zurückkommt.

Auf einer tieferen Ebene ist es immer Liebe, um die wir andere beneiden. Im Neid erscheinen mir die Eigenschaften anderer als besonders liebenswert, und es kommt mir vor, als würden sie mehr Liebe wecken als meine.

Was ich für besonders liebenswert halte, das hat viel mit meiner Geschichte zu tun. Vielleicht hat die Liebe zwei Vorsichtige zusammengeführt, deren Eltern sie jeweils gedrängt haben, nicht so ängstlich zu sein. Ihnen muss ein mutiges Paar vorkommen wie der Inbegriff liebenswerter Menschen.

Zu bekommen, was andere haben, ist schwierig genug, aber zu werden, was andere sind, ist aussichtslos. Vielleicht geht daher der Neid so tief.

Ein solcher Neid führt auf eine Gratwanderung zwischen Veränderung und Selbstannahme. Eine oberflächliche Selbstannahme – »Wir sind halt, wie wir sind« – wird am Neid kaum etwas ändern. Aber es hilft auch nichts, die eigene Natur zu verleugnen. Wenn sich das vorsichtige Paar plötzlich draufgängerisch verhält, wird es sich nicht wohl in seiner Haut fühlen.

Der Mittelweg könnte so aussehen: Lassen Sie sich von einem Paar prägen, das etwas ganz anderes verkörpert als Sie selbst. Machen Sie sich bewusst, dass Sie diesem Paar in Ihrer Andersartigkeit ein wertvolles Gegenüber sein können.

Das mutige Paar wird seine Gründe haben, warum es die Nähe zum vorsichtigen Paar sucht. Vielleicht genießt es die Atmosphäre, in der sich keiner beweisen muss, und die Sensibilität, die viele Zwischentöne des Lebens wahrnimmt. Durch diese Erfahrung kann auch das vorsichtige Paar zu einer tieferen Selbstannahme finden. Und wenn es sich durch das mutige Paar anregen lässt, ab und an über den eigenen Schatten springt und etwas riskiert, dann runden sich seine Qualitäten ab.

Wecken Sie Neid?

Und Sie? Machen Sie andere neidisch? Das können Sie merken.

Manchmal kommt einem anderen Paar einfach keine Wertschätzung über die Lippen. Kein Lob der neuen Einrichtung, kein freundlicher Kommentar über die Kinder, kein Mitfreuen über einen Erfolg. Anstelle der netten Kommentare, die zum guten Ton gehören, steht eine seltsame Zurückhaltung, die irritiert und schmerzt.

Ähnlich fühlt sich aber auch eine übertriebene Wertschätzung an: Wenn ein kurzer Lauf von einem befreundeten Paar zum Marathonlauf überhöht wird oder ein leckeres Essen zur Fünf-Sterne-Küche. Im übertriebenen Lob verbirgt sich der Stachel der Ironie. Natürlich gibt es unter befreundeten Paaren Unachtsamkeiten oder ein Sichaufziehen. Aber wenn beides gehäuft auftritt, ist es ein Alarmzeichen.

Dann wird es höchste Zeit, bescheidener aufzutreten und weniger von den Vorzügen des eigenen Lebens zu reden; mehr den Preis zu betonen, den der eigene Lebensstil hat; über die eigenen Fehler und Irrtümer zu lachen; mehr über die Menschen zu sprechen, denen man etwas verdankt. Vor allem gilt es, das andere Paar in den Blick zu nehmen: seine Geschichte, sein Lebensgefühl, seine Leistungen.

Unsere Wertschätzung ist dann echt, wenn wir *ein bisschen* neidisch werden.

Anregungen zum Gespräch

- Auf welches Paar/auf welche Familie waren Sie schon einmal neidisch? Was genau haben die, was Sie (noch) nicht haben?
- Was sind Ihre Lebensträume? Wenn Sie bei einer Fee einen Wunsch frei hätten, was würden Sie sich wünschen?
- Gibt es einen Lebenstraum, den Sie in den kommenden Monaten oder Jahren zielstrebig verwirklichen sollten?
- Gibt es einen Lebenstraum, den Sie loslassen sollten, weil er nicht erreichbar ist oder weil Sie dafür etwas anderes opfern müssten, das Ihnen noch wichtiger ist?

Süße und verbotene Früchte

Im Garten der Liebe gibt es einen verborgenen Bereich: die Intimität. Sie ist den Blicken anderer entzogen. Dort wachsen Früchte, die so köstlich sind, dass sie unsere Sinne betäuben.

Je länger wir sie reifen lassen, sagt die Erfahrung, aber auch die Forschung zur Intimität, desto üppiger gedeihen die Früchte. Das folgende Kapitel lädt Sie ein, sich im Garten der Intimität umzusehen. Vielleicht entdecken Sie Früchte, die Ihrer Aufmerksamkeit bisher entgangen sind.

Wie in der Natur werden Sie auch einmal auf eine faule Frucht treffen, die nicht schmeckt. Werden Sie deshalb den Teil Ihres Gartens verlassen, in dem die Intimität gedeiht? Hoffentlich nicht! Sie können die faule Frucht auch einfach zur Seite legen und eine andere Frucht pflücken.

Auch wenn Sie nicht genau wissen, welche Früchte in Nachbars Garten wachsen, so erscheinen sie manchmal begehrenswerter als die eigenen. Das Nachdenken über die Früchte jenseits des Gartenzaunes kann die eigenen Früchte fade wirken lassen.

Doch der Genuss verbotener Früchte hätte Verwüstungen im eigenen Garten zufolge. Deshalb sollen Ihnen die nachfolgenden Ausführungen helfen, der Versuchung verbotener Früchte zu widerstehen.

Eine Checkliste lenkt Ihren Blick auf die verborgenen Winkel im Garten Ihrer Liebe.

Checkliste Intimität

Unser erotischer Stil

Ich kann Sex am meisten genießen, wenn wir uns auch mit Worten berühren, wenn wir uns in die Augen sehen und einander tief verbunden sind. ☐ Ja ☐ Nein

Ich schließe beim Sex gerne die Augen, überlasse mich schönen Gefühlen und lasse mich auch gerne verwöhnen.
☐ Ja ☐ Nein

Für mich ist Sex auch ein Spiel, in dem wir uns ausprobieren und gerne auch einmal in verschiedene Rollen schlüpfen.
☐ Ja ☐ Nein

Wir erleben den Sex wohl ganz ähnlich. ☐ Ja ☐ Nein

Ich fühle mich in meinen sexuellen Wünschen von dir angenommen, auch wenn du vielleicht nicht jeden Wunsch von mir erfüllen möchtest. ☐ Ja ☐ Nein

Unser intimes Gespräch

Ich teile dir meist mit, was ich im Tiefsten denke und empfinde.
☐ Ja ☐ Nein

Ich erfahre von dir, was du im Tiefsten denkst und empfindest.
☐ Ja ☐ Nein

Ich spreche dir gegenüber auch aus, was dir fremd ist und worauf du vielleicht erst mal abwehrend reagierst.
☐ Ja ☐ Nein

Du sprichst mir gegenüber auch aus, was mir fremd ist und worauf ich vielleicht erst mal abwehrend reagiere.
☐ Ja ☐ Nein

Ich suche immer mal wieder die aufregende Erfahrung, dass du ganz anders bist, als ich dachte. ☐ Ja ☐ Nein

Ich kann dich immer mal wieder mit Seiten an mir überraschen, die du noch gar nicht kanntest. ☐ Ja ☐ Nein

Unsere Sexualität

Manchmal fühle ich mich unter sexuellem Leistungsdruck.
☐ Ja ☐ Nein

Ich glaube, du fühlst dich manchmal unter sexuellem Leistungsdruck. ☐ Ja ☐ Nein

Wir können entspannt damit umgehen, wenn einmal im Bett etwas nicht klappt. ☐ Ja ☐ Nein

Ich habe manchmal die Befürchtung, sexuell nicht gut genug für dich zu sein. ☐ Ja ☐ Nein

Unsere Affärensicherheit

Wenn ich mich einmal fremdverlieben würde, könnte ich mich dir öffnen und würde mit deiner Unterstützung rechnen.
☐ Ja ☐ Nein

Ich bin mir sicher, dass du dich mir öffnen und die richtigen Maßnahmen ergreifen würdest, wenn du dich einmal in jemand anderen verlieben würdest. ☐ Ja ☐ Nein

Ich kenne die Situationen, die ich vermeiden muss, um mich vor einer Fremdverliebtheit oder einer sexuellen Versuchung zu schützen. ☐ Ja ☐ Nein

Wenn überhaupt, hätte ich das größere Risiko fremdzugehen.
☐ Ja ☐ Nein

Wenn überhaupt, hättest du das größere Risiko fremdzugehen.
☐ Ja ☐ Nein

Entdecken Sie Ihren erotischen Stil

Die Kinder werden selbstständiger. Der Stress lässt nach und uns fällt auf: Wir haben uns aufeinander eingespielt, aber es knistert nicht mehr zwischen uns. So erleben viele Paare die Ermüdungserscheinungen ihrer Ehe. Doch es gibt Muntermacher, die eine Beziehung wieder aufregend machen.

Etwas verlegen stehe ich in einer Buchhandlung und blättere in den Sexualitätsratgebern. Nach einigen Minuten fühle ich mich wie erschlagen: von den schonungslos direkten Worten, von den medizinisch genauen Bildern, von den Versprechungen, die die Liebe zum Tempel ekstatischer Erfahrungen oder zur Höhle tierischer Wildheit machen. Oh weh! Dann lieber langweiligen Sex als so etwas.

Ich muss eine Weile nachdenken, bis ich herausfinde, was mich abstößt: nicht die Experimentierfreude. Auch nicht die Einladung zu rauschhaften Erfahrungen, die Sexualität ja durchaus bietet.

Nein, es ist die beinahe pornografische Sexualität, die nach den stärksten Reizen sucht. Es ist die verzweckte Sexualität, in der das Liebesspiel zum Mittel wird für ganz andere Ziele: Bewusstseinserweiterung, Selbsterfahrung, der Erfahrung von Macht und Tabubrüchen. Das dient nicht der Liebe. Das erzeugt Lust ohne Befriedigung.

Ich will diese Grenze benennen, damit das Folgende nicht missverständlich wird. Vielleicht gehören Sie eher zu den Menschen, die zu erotischer Vorsicht neigen. Dann will ich Sie einladen, sich zumindest so viel erotische Freiheit zu nehmen:

- Ihren erotischen Stil zu entdecken und vielleicht zu vertiefen,
- erotische Unterschiede in der Ehe zuzulassen, Spannungen auszuhalten und mit Ihrem Partner auszubalancieren,

- Ihrem Partner zuliebe einen erotischen Stil kennenzulernen, der Ihnen zunächst fremd ist.

Welchen erotischen Stil bevorzugen Sie?

Wie Menschen die Liebe erleben, lässt sich in drei erotischen Stilen zusammenfassen:

Partnerbezogenheit: Sie lieben das vertraute Gespräch und zärtliche Berührungen. Besonders wichtig ist Ihnen der Blickkontakt. Sie mögen Kerzenlicht und eine romantische Umgebung. Sie genießen es, umworben zu werden oder zu umwerben. Sie wollen hören und spüren, dass Sie dem anderen wichtig sind. Beim Sex lieben Sie ein langes Vorspiel, das Ihnen genauso wichtig ist wie das, was danach kommt. Sexualität heißt für Sie, dem anderen ganz nahe zu sein und mit ihm/ihr zu verschmelzen.

Sexuelle Trance: Sie konzentrieren sich gerne auf die schönen Körperempfindungen und Gefühle, die Ihnen Ihr Partner bereitet. Sie tauchen in eine andere Welt ein, fliegen, schweben, erleben einen süßen Rausch aus Gerüchen, Körperempfindungen und der sinnlichen Gegenwart Ihres Partners. Dafür benötigen Sie eine entspannte Stimmung. Worte lenken Sie eher ab. Sie schließen gerne die Augen. Sie wechseln sich gerne im Geben und Nehmen ab, konzentrieren sich gerne auf Ihren Partner, um sich nach einer Weile ganz den eigenen Empfindungen zu überlassen.

Rollenspiel: Sie haben es sich vielleicht nie ganz eingestanden, aber Sie schlüpfen in der Liebe gerne in eine Rolle. Es wäre aufregend für Sie, mit Ihrem Partner eine der folgenden Szenen zu spielen: Aschenputtel und Märchenprinz, Verführerin und Verfallener, Macho und Dummchen, Barbesucherin und Aufreißer. Schon die Andeutung solcher Rollen macht die Liebe viel aufregender für Sie. Sie lieben Requisiten: Kleidungsstücke und Gegenstände. Sie lieben Kulissen: besondere Orte und Räume. Sie lieben Floskeln und Posen, die eine Liebesszene heraufbeschwören.

Erotische Missverständnisse

Wie bei allen Einteilungen gibt es natürlich Mischformen und Übergänge, auch im Laufe einer erotischen Begegnung. Aber meist ist doch ein Stil am stärksten ausgeprägt und bereitet den meisten Genuss.

Erotische Unterschiede machen die Liebe kompliziert: Einer will beim Liebesspiel reden und hindert den anderen dadurch, in sexuelle Trance zu fallen. Einer schließt die Augen, taucht in seine eigene Welt ab und lässt den anderen »allein«. Einer nimmt das Rollenspiel persönlich: »Moment mal, du behandelst mich wie ein Sexobjekt.«

Nach solchen Missverständnissen einigen sich Partner oft auf den kleinsten gemeinsamen Nenner und schränken ihren erotischen Stil ein, um den anderen nicht zu überfordern.

Schade eigentlich. Vielleicht wäre mehr möglich, wenn Ihr Partner erfahren würde, was Sie besonders genießen. Und vielleicht ist Ihnen beim Lesen aufgefallen, dass Sie Ihren Partner schon frustriert haben, weil Sie seine Wünsche nicht einordnen konnten. Dann wagen Sie sich doch einmal auf fremdes Terrain, regen etwas Überraschendes an oder fragen nach, was Ihrem Partner die sexuelle Begegnung noch schöner machen würde.

Je mehr sich ein erotischer Stil vertieft, desto leichter ist es, zu einem anderen Stil überzugehen: Wer tief genug in sexuelle Trance eintaucht, kann Worte austauschen, ohne seinen Rausch zu unterbrechen. Wer sich seinem Partner nahe und verbunden fühlt, kann sich leichter für sexuelle Trance öffnen. Wer sich durch ein Rollenspiel in Stimmung bringt, öffnet bereitwilliger das Herz für die Person, die ihn in ein so schönes Spiel verwickelt.

Und wenn beide den gleichen erotischen Stil haben? Dann kann ein Paar seinen Stil vertiefen oder anreichern mit den Erfahrungen, die ein anderer Stil eröffnet.

Das alles kostet ein wenig Mut. Aber gerade das Ungewisse, ein flaues Gefühl, ein bisschen Scham kann die Ehe wieder sehr munter machen. »Die Abstumpfungstheorie trifft fast nie zu«, schrieb der Psychoanalytiker und Paartherapeut Michael Lukas Möller: »Was lebt, wie die Erotik, wächst, wenn es zum Leben kommt.«

Anregungen zum Gespräch

- In welchen sexuellen Stilen finden Sie sich wieder?
- Wenn Sie unterschiedliche sexuelle Stile haben: Teilen Sie einander mit, was Sie dabei genießen und worauf es Ihnen dabei ankommt. Lassen sich Missverständnisse oder Probleme beim Sex vielleicht durch unterschiedliche sexuelle Stile erklären?
- Reizt Sie ein sexueller Stil, auf den Sie sich noch nie eingelassen haben? Haben Sie hier Hemmungen oder Bedenken? Was bräuchten Sie, um vielleicht einmal eine Erfahrung mit einem anderen sexuellen Stil zu machen? Tauschen Sie sich darüber aus.

Natürlich ist es der Reiz des Neuen, der unsere Lust wecken und verstärken kann. Aber was sollen dann Partner tun, die beschließen, einander ein Leben lang treu zu bleiben? Glücklicherweise gibt es auch einen Lustwecker, der sogar umso besser wirkt, je länger ein Paar zusammen ist: das intime Gespräch.

Lust durch Reden

Würzige Kräuter mit Wein vermischt, zermahlenes Horn oder einfach Tomaten – zu allen Zeiten suchten Menschen nach Lust- und Liebesmitteln. Ein Mittel ganz anderer Art wirkt sicher, hat aber einige Nebenwirkungen: das Gespräch. Seine Wirkung und Anwendung erschließt sich bei einem Ausflug in die Paarpsychologie:

Fassaden in der Ehe. Jeder Mensch hat eine Fassade. Wir brauchen sie wie ein Haus, das ohne seine Fassade unansehnlich und nackt wäre. Aber irgendwann öffnet sich die Tür: Menschen dürfen eintreten und das Innere sehen. Für Verliebte gibt es nichts Schöneres, als sich dem anderen zu öffnen und auch bei ihm Einlass zu finden.

Nach den unvermeidlichen Enttäuschungen schließt sich oft die Tür. Dann bleibt selbst der Ehepartner vor der Fassade stehen:

- Lisa ist zu heiter, um wahr zu sein. Ihr Gemüt kennt nur eine Wetterlage: Sonnenschein. Ihre piepsige Stimme, ihre schönen Kinderaugen, ihr Witz und ihr Optimismus – man kann gar nicht schlecht drauf sein in Lisas Gegenwart. Natürlich erlebt Lisa auch Stress und Belastungen, aber wenn ihr Mann Mitgefühl zeigt, macht Lisa nur einen Scherz.
- Maria ist zu lieb, um wahr zu sein. Sie ist sehr anpassungsfähig. Sie geht in der Gemeinschaft mit anderen auf, man könnte auch sagen, sie geht darin unter. Einmal hat ihr Mann sie eine »graue Maus« genannt, scherzhaft, aber Maria hat es tief getroffen.
- Gregor ist zu perfekt, um wahr zu sein. Nennen Sie mir eine positive Eigenschaft, und ich zeige Ihnen, dass Gregor sie hat: Erfolg, Humor, soziales Geschick, Klugheit und sogar Bescheidenheit. Einmal war Gregor ziemlich krank. Da ist er aus seiner Rolle gefallen und benahm sich wehleidig und launisch. »Das war irgendwie schön«, erinnert sich Gregors Frau.

Es gibt wundervolle Fassaden, aber wenn sich Partner hinter ihnen verbergen, dann stirbt die Erotik. Gespräche sind die Tür, die nach innen führt.

Mutprobe Zwiegespräch. Nehmen Sie sich einmal die Woche 90 Minuten Zeit zu einem ungestörten Gespräch. Jeder teilt dem anderen mit, was ihn beschäftigt, wie er sich selbst, den anderen, die Beziehung gerade erlebt. Ganz frei, wie es jedem in den Sinn kommt.

Verboten ist nur eine Bewertung dessen, was der andere sagt, denn das wirkt allzu oft wie eine Zensur. Verboten sind auch Fragen, die das Gespräch zu stark lenken würden. Michael Lukas Möller entwickelte diese Gesprächsform und nannte sie Zwiegespräch.

Viele Menschen lieben die Zwiegespräche, weil sie sich während dieser Unterhaltungen echt und lebendig fühlen und von ihrem Partner Erstaunliches erfahren. Doch gleichzeitig fürchten sie sie auch, weil Zwiegespräche die Bilder erschüttern, die man sich gemacht hat – von sich selbst, vom anderen, von der Beziehung.

Doch gerade darauf beruht die erotische Wirkung des Gesprächs: dass sich bei aller Vertrautheit ein wenig Fremdes zeigt, dass mich mein Partner überrascht, mir Fragen aufgibt, mich aus der Fassung bringt. Unser Vorrat an neuen Seiten ist unerschöpflich, denn unsere Persönlichkeit ist vielschichtig, von tausend Erfahrungen und Bildern geprägt, sehnsüchtig, wandelbar und gottebenbildlich.

Lisas Mann erfährt vielleicht von der alten Wunde, die Lisa noch heute schmerzt. Marias Mann entdeckt womöglich, dass Maria heimlich zornig ist. Gregors Frau offenbart sich vielleicht, dass ihren Überflieger manchmal Minderwertigkeitsgefühle plagen und dass er sie – die weniger offensichtliche Gaben hat – insgeheim tief bewundert.

Manchen Ehepartnern zeigen sich die geheimen Lebensträume des anderen; dass der Partner eine Seite hat, die in der Jugend sehr lebendig war und die er im Laufe der Ehe abgelegt hat. Und plötzlich entsteht eine Stimmung wie bei den ersten Verabredungen.

Mutig vorausgehen

»Ach, Herr Berger, das ist doch nur etwas für Partner, die miteinander reden. Nachher werde ich dieses Kapitel meinem Mann zeigen und er wird die Augen verdrehen«, höre ich jemanden einwenden.

Doch es reicht auch, wenn einer von beiden einfach anfängt. Dazu hat der amerikanische Paar- und Sexualtherapeut David Schnarch zwei Wege unterschieden, auf denen Intimität entstehen kann.

Die fremd-bestätigte Intimität kennen wir. Sie hört sich in etwa so an: »Ich vertraue dir etwas an, aber nur, wenn du dich dann auch mir anvertraust. Falls du dazu nicht bereit bist, lasse ich es sein. Ich will aber, dass wir das tun, also musst du mitmachen. Wenn ich anfange, musst du mir ein Gefühl der Sicherheit geben. Ich muss dir vertrauen können!«

Aber es gibt auch die selbst-bestätigte Intimität: »Ich kann nicht voraussetzen, dass du meine Sicht der Dinge teilst. Du bist nicht auf der Welt, um mich zu bestätigen und mir zu sagen, dass ich alles richtig mache. Ich will aber, dass du mich liebst – und das geht nur, wenn du mich wirklich kennst. Ich will nicht, dass du mich ablehnst – aber ich muss das riskieren, wenn ich mich bei dir wirklich angenommen und geborgen fühlen möchte. Es ist an der Zeit, mich dir so zu zeigen, wie ich bin und empfinde.«

Spüren Sie, wie das gleichzeitig möglich ist: unabhängig sein und doch liebevoll auf den Partner bezogen?

Wer will, kann heute damit beginnen, die eigenen Gefühle und Gedanken ein wenig offener zu zeigen. Er kann die Spielräume, die jedem in der Partnerschaft bleiben, nutzen, um das eigene Wesen lebendig werden zu lassen.

Wer das radikal tut, wird den Partner vermutlich überfordern und Stressreflexe auslösen: Kampf, Flucht oder Totstellen.

Behutsam dosiert, wird die neue Offenheit hingegen wecken, was die Beziehung aufregend macht: Überraschung, Neugier, ein wenig Angst, neue Anziehungskraft – mit einem Wort: Erotik.

Anregungen zum Gespräch

- Gab es schon einmal Gedanken oder Gefühle, die Sie voreinander verborgen haben, weil der andere sie vielleicht als fremd oder unangenehm empfunden hätte? Könnte hier eine Möglichkeit liegen, einander im guten – erotisch anregenden – Sinn fremd und unbekannt zu sein?
- Wäre es für Sie einen Versuch wert, ein solches Zwiegespräch einmal zu wagen? Wenn ja, dann halten Sie sich genau an die Anweisungen. Stellen Sie sich darauf ein, dass Sie auch Dinge hören (und sagen), die aufwühlend oder verunsichernd sind. Vertrauen Sie darauf, dass gerade Fremdes und Unbekanntes Ihr Miteinander immer wieder aufregend macht.
- Haben Sie sich schon einmal bei dem Gedanken erwischt, dass Sie den anderen längst durch und durch kennen? Von wegen!
- Haben Sie den anderen schon einmal »zensiert«, sich also in Bezug auf Gedanken und Gefühle gesträubt, die Ihnen falsch oder unangenehm vorkamen? Tauschen Sie sich darüber aus.

Unser Wunsch nach schönen sexuellen Erfahrungen kann ein Antrieb sein, die Intimität zu gestalten, sich Mühe zu geben und auch einmal Neues zu wagen. Doch manchmal schlägt dies in Leistungsdruck um. Medien propagieren manchmal eine überhöhte, unrealistische Sexualität. Dadurch sind wir rasch verunsichert, sobald einmal etwas nicht klappt.

Gelassenheit im Ehebett

Nicht zu früh, am besten gleichzeitig, aber doch bevor der Akt erschöpft. Zum Glück hält uns das sexuelle Erlebnis meist von solchen Überlegungen ab. Aber dass es funktioniert, ist nicht selbstverständlich.

Ralf war beim letzten Mal etwas früh mit seinem Höhepunkt. Er hat sich vorgenommen, dieses Mal länger durchzuhalten. Aber beim Versuch, sich langsamer erregen zu lassen, nimmt er die Reize plötzlich intensiver wahr: den Körper seiner Frau, ihre Berührungen und alles, was sie in ihm in Aufruhr bringen. Diese neue Intensität wäre eigentlich ganz schön, würde sie Ralfs Höhepunkt nicht weiter beschleunigen, er stellt sich diesmal schon kurz nach der Vereinigung ein.

Beim nächsten Mal verfällt Ralf in Ablenkungsstrategien. Um sich zu bremsen, denkt er zwischendurch an unerledigte Arbeit, an Schlimmes und sogar Ekliges. Aber als wollte Susanne seine guten Absichten durchkreuzen, berührt sie ihn heute besonders intensiv. Das löst nun schon allein aus, was Ralf hinauszögern wollte. So macht das keinen Spaß mehr. Ralf beunruhigt sich.

Frauke hat in letzter Zeit wenig Lust, möchte Jens aber nicht abweisen. Sie lässt den Sex geschehen, ohne viel zu empfinden, bald wird er ihr aber unangenehm. Gerüche, die sie sonst nie gestört haben, werden ihr plötzlich zuwider. Frauke fragt sich, warum sich Jens austoben kann, während sie doch offensichtlich unbeteiligt ist. Das hat etwas Triebhaftes, außerdem wird sie so vom Gegenüber zum Objekt. Zum körperlichen Widerwillen gegen den Sex kommt jetzt auch ein seelischer hinzu. Frauke vermeidet jetzt Situationen, die Jens Lust machen könnten.

Es ist ein Wunder, dass Sexualität überhaupt gelingt, so störanfällig ist der Weg zum Höhepunkt.

Zunächst brauchen beide Partner Lust. Das ist leicht gesagt, aber in der Praxis nicht immer gegeben: Manchmal steuert der Körper die Lust einfach bei, aber in anderen Situationen braucht es sinnliche Aufmerksamkeit, damit Lust entsteht. Der Körper muss gleichzeitig in Entspannung und Erregung geraten, was physiologisch fast unmöglich ist.

Weil der Körper vergleichsweise selten in sexuellem Gebrauch ist, ist ein aufwendiger Umstellungsprozess nötig. Nichts darf sich in den Weg stellen, denn Ablenkung, Angst oder Unbehagen kippen das erotische Gleichgewicht, und die sexuelle Funktion kommt zum Erliegen.

Wenn der Weg tatsächlich frei ist, will das Ziel auch noch mit dem richtigen Timing erreicht sein.

Leistungsdruck und falsche Interpretationen

Solche Erlebnisse wie die oben beschriebenen verunsichern. Jetzt kommt es darauf an, gelassen zu reagieren.

Zwei Reaktionen könnten nämlich aus einem vorübergehenden Problem ein dauerhaftes machen: Leistungsdruck und falsche Interpretationen. Wer die sexuelle Funktion herbeizwingen will, gerät in einen Kreislauf aus Anspannung und der erneuten Erfahrung, dass es nicht klappt.

Aber auch falsche Interpretationen können das sexuelle Problem verstärken, indem sie es zu einem Beziehungsproblem machen:

- »Die Lustlosigkeit meines Partners bedeutet, dass ich nicht mehr attraktiv für ihn bin oder dass ich ein schlechter Liebhaber bin.«
- »Der vorzeitige Samenerguss des Partners ist ein Zeichen für seinen Egoismus, der nur an die eigene Befriedigung denkt.«

- »Der ausbleibende Orgasmus meiner Frau lässt ihr verklemmtes Wesen erkennen und zeigt, dass sie sich mir gegenüber nicht fallen lässt.«

Solche Interpretationen sind erstens falsch, und zweitens bauen sie einen Druck auf, welcher der Sexualität genau das nimmt, was ihre Lebendigkeit ausmacht: Spontaneität, Freiheit und ein ergebnisoffener, spielerischer Zugang.

Aber wie geht ein Paar mit sexuellen Störungen gelassen um? Gelassenheit zeigt sich auf drei Ebenen:

Sich Zeit geben. Um nach einer Irritation wieder in ein Gleichgewicht zu finden, braucht es Zeit. Ob nach zwei Wochen oder zwei Monaten alles wieder normal läuft, macht im Rückblick keinen Unterschied. Aber für den Moment kann es viel Druck herausnehmen, wenn man sich Zeit gibt.

Reden und fragen. Warum nicht einander mitteilen, wie man die sexuelle Sackgasse erlebt? Warum nicht aussprechen, was sich an Fragen stellt: »Hältst du mich für einen Versager?« »Bin ich nicht mehr anziehend für dich?«

Nur sehr selten bestätigen sich solche Befürchtungen. Und selbst an einer unangenehmen Wahrheit kann man wachsen: »Ja, ich wünsche mir von dir als Mann ohnehin mehr Stärke. Wenn du dann auch noch beim Sex schwach bist, dann schlägt das in die gleiche Kerbe.«

Davon könnte sich ein Mann herausfordern lassen: »Die Erektion kann ich nicht herbeizwingen, aber ich will anderswo an meiner Stärke und Initiative arbeiten.«

Neues entdecken. Die meisten Paare kennen eine Beziehungsphase, in der es zwar noch keinen Geschlechtsverkehr gab, die Zärtlichkeiten aber sehr aufregend und erfüllend waren. Es fordert die erotische Fantasie heraus, wieder schöne Sinnlichkeit zu gestalten, auch wenn gerade nicht alles funktioniert.

Hilfe suchen

Das Problem verschwindet meist so unerwartet, wie es aufgetaucht ist. Im Rückblick kann man aufatmen und ist um eine Erfahrung reicher.

Aber was, wenn das Problem bleibt?

Dann gibt es Hilfe. Beim Frauenarzt oder Urologen, wenn man eine körperliche Ursache vermutet. In der Psychotherapie oder Ehetherapie, wenn das sexuelle Problem als Spiegel eines Beziehungsproblems erscheint. Oder beim Sexualtherapeuten, wenn Körper und Beziehung in Ordnung sind und sich nur die sexuelle Funktion verselbstständigt hat. Sexualtherapeuten sind Ärztinnen und Ärzte, Psychologinnen und Psychologen, die eine entsprechende Zusatzausbildung durchlaufen haben.

Natürlich können sich Betroffene in der Einschätzung der Ursachen irren. Doch dann werden sie von medizinischer oder therapeutischer Seite rasch an die richtige Stelle verwiesen.

Auch das kann entspannen: Sogar bei schlimmen und hartnäckigen Problemen gibt es Hilfe.

Anregungen zum Gespräch

- Wo haben Sie schon einmal das Gefühl gehabt, nicht gut genug beim Sex zu sein? Tauschen Sie sich gegenseitig darüber aus. Hatte der andere tatsächlich die Erwartung, von der Sie glauben, dass Sie sie enttäuscht hätten? Oder ging es da womöglich um etwas ganz anderes?
- Wann haben Sie zuletzt erlebt, dass Intimität wunderschön sein kann, auch wenn beim sexuellen Ablauf nicht alles klappt?

- Nehmen wir an, Sie könnten aus gesundheitlichen Gründen für einige Monate keinen (genitalen) Geschlechtsverkehr haben. Hätten Sie genug Fantasie und Möglichkeiten, trotzdem eine aufregende Intimität zu leben? Falls nein: Wollen Sie Ihr Repertoire hier nicht noch erweitern?

Paare können ihre Sexualität im Laufe der Jahre weiter wachsen lassen und entfalten. Nicht wenige Paare berichten, dass ihre Sexualität im Alter sogar noch schöner und intensiver wird. Trotzdem bleiben manche erotischen Wünsche unerfüllt. Diese können Fantasien wecken, die über die Ehe hinausgehen.

Bei näherem Hinsehen geht es dabei jedoch oft gar nicht um Sexualität, sondern um ganz andere Lebensthemen.

Verbotene Sehnsüchte

Erotische Sehnsucht bewegt sich nicht immer in Bahnen, die erwünscht und erlaubt sind. Was tun mit Fantasien, die über die Ehe hinausgehen?

Sehnsucht ist Suche. Selbst wenn im Leben alles glattläuft, bleibt eine Unruhe in unserem Herzen. Wir spüren, dass wir nie ganz identisch sind – dass die Art, wie wir leben, nie vollständig unserem Wesen entspricht. Wir spüren, dass unsere tiefsten Bedürfnisse nie ganz gestillt werden. Wir leben eben nicht im Paradies und damit kommen die meisten Menschen ganz gut klar.

Trotzdem wirkt sich eine untergründige Sehnsucht auf das Leben aus, zum Beispiel als Erlebnishunger, als Liebe zu schönen Dingen oder auch als erotische Sehnsucht. Erotische Fantasien treiben im Strom des menschlichen Bewusstseins, mal mehr, mal weniger, je nach Persönlichkeit und Lebensphase.

Manchmal entwickeln erotische Fantasien eine beunruhigende Intensität. Dann ist es Zeit, die Sehnsucht hinter der Fantasie ernst zu nehmen und sich auf die Suche zu machen, am besten gemeinsam mit dem Ehepartner.

Die Art der erotischen Fantasien weist auf die Sehnsucht hin, der sie entspringen. Manchmal wird die Sehnsucht von einem Menschen im persönlichen Umfeld geweckt, manchmal von einem bestimmten Frauen- oder Männertyp. Manchen nimmt ein plötzliches Verliebtsein gefangen, bei anderen dreht sich die Fantasie um sexuelle Eskapaden.

Ein anziehender Mensch im persönlichen Umfeld

Wenn eine Person aus dem persönlichen Umfeld plötzlich in den Fokus rückt und große erotische Anziehungskraft entwickelt, geht es selten um die große Liebe. Unauffällig wird der vertraute Umgang mit dem Nachbarn, Freund oder Kollegen zum Flirt. Die Grenzüberschreitung erscheint unheimlich spannend. Es ist vor allem das Neue, Frische, auf das sich die erotische Sehnsucht richtet.

Das kommt vor, wenn das Leben routiniert läuft. Gerade einem gut eingespielten Eheleben fehlen manchmal die Höhepunkte, das Prickeln, die Momente tiefer Berührung. In solchen Lebensphasen sucht die Sehnsucht das Neue. Sie sucht etwas Farbiges, das dem grauen Alltag wieder Intensität schenkt.

Damit ist das Ziel der Sehnsucht sichtbar: Es geht darum, Sicherheiten aufzugeben und noch einmal neu aufzubrechen, dem Leben Neues und Aufregendes hinzuzufügen. Das verspricht der außereheliche Flirt. Aber wenn stattdessen ein Aufbruch mit dem Ehepartner gelänge, würde dies die Beziehung stärken, anstatt zu gefährden.

Doch was bedeutet das? Sollte man den Ehepartner in seine erotischen Fantasien einbeziehen und mit ihm gemeinsam Antworten darauf suchen? Das wäre höchstens als Schocktherapie zu raten, wenn sich ein Partner jeder Veränderung verschließt. Meist reicht es hingegen, das Thema anzusprechen, das sich hinter der erotischen Sehnsucht verbirgt.

Wenn Routine das Problem ist, steht vielleicht eines der folgenden Projekte an: ein Kurzurlaub ohne Kinder; ein gemeinsames Hobby; ein gemeinsames Engagement, das herausfordert; ein Ortswechsel; eine neue Aufgabenteilung, was Kindererziehung und Geldverdienen angeht.

Oft gibt es finanzielle oder praktische Gründe, die gegen Neues sprechen. Das mag den Verstand überzeugen, die Sehnsucht sicher nicht.

Ein toller Typ

Andere Kräfte wirken, wenn sich die erotische Sehnsucht auf einen bestimmten Typ Mann oder Frau richtet. Dabei entwickeln besondere Merkmale eine Anziehungskraft, zum Beispiel das südländische Äußere; die feine, elegante Art; das robuste, natürliche Temperament; die einfühlsame Sensibilität oder die sinnliche Aufgeschlossenheit.

Der eigene Ehepartner lässt die Merkmale vermissen, auf die sich die erotische Sehnsucht richtet, manchmal ist er geradezu das Gegenteil davon. Für den Liebenden, der jetzt plötzlich als schlechte Wahl erscheint, ist das ein Albtraum, denn den eigenen Typ kann niemand ändern.

Was ist von solchen Sehnsüchten zu halten, die sich auf einen bestimmten Typ fixieren, als würde sich Liebe an äußeren Merkmalen entscheiden?

Dazu muss man wissen, dass sich jedes emotionale Bedürfnis mit sexueller Energie anreichern kann. Zum Beispiel hat jeder Mensch ein Bedürfnis nach Spiel und Entspannung. Wer leistungsorientiert geprägt ist, wird sein Bedürfnis nach Spiel und Entspannung vielleicht unterdrücken. Heiratet ein leistungsorientierter Mensch einen ebenfalls leistungsorientierten Partner, wird das Bedürfnis nach Spiel und Entspannung gemeinsam unterdrückt.

Wenn nun eine Person auftaucht, in deren Lebensstil sich eine gewisse Leichtigkeit ausdrückt, kann ein erotischer Zündfunke entstehen. Das berechtigte emotionale Bedürfnis hat sich in eine erotische Sehnsucht verwandelt. Doch die Rechnung geht nicht auf. Würde der Leistungsorientierte tatsächlich ausbrechen, so würde ihn der neue, betont entspannte Partner bald überfordern.

Stattdessen gilt es, sich dem unterdrückten Bedürfnis zuzuwenden und zu überlegen, wie es sich ausdrücken lässt und gestillt werden kann. Oft geht es nämlich darum, dass man innere Verbundenheit sucht, sich nach Unbeschwertheit sehnt, wachsen will, sich frei oder angenommen fühlen möchte.

Unterdrückte Bedürfnisse zutage zu bringen, kostet Mühe und Geduld. Schnell ist man in der Gefahr, den Partner dafür verantwortlich zu machen, dass ein emotionales Bedürfnis nicht gestillt wird. Aber solange man eine Sehnsucht noch nicht gut ausdrücken kann, braucht es erst einmal eigenes Wachstum.

Offene Gespräche mit dem Partner, aber auch mit anderen vertrauten Menschen, können helfen, einem wichtigen Bedürfnis mehr Raum zu geben.

Überwältigendes Verliebtsein

»Das hätte ich nie für möglich gehalten!« So kommentieren Betroffene ein Verliebtsein, das sie aus heiterem Himmel überfällt und gefangen nimmt. Die Vorstellung, dem geliebten Dritten aus dem Weg zu gehen, fühlt sich an, wie sterben zu müssen. Der Gedanke, die Verliebtheit aus dem eigenen Herzen zu reißen, weckt die Angst, seelisch amputiert zu werden.

Wie kann so etwas geschehen? Trifft es doch häufig Menschen, die vor einer verhängnisvollen Begegnung gesagt hätten, ihre Ehe sei recht glücklich. Dennoch haben sie sich über Jahre in ihrer Ehe unmerklich von sich selbst entfremdet. Statt dem eigenen Wesen und den eigenen Neigungen nachzugehen, haben sie sich von sich selbst entfernt, um eigenen oder fremden Erwartungen zu entsprechen.

»Nichts enttäuscht mehr als die Unmöglichkeit, nach dem eigenen Wesen zu leben«, schrieb der Paartherapeut Michael Lukas Möller. Wer lange eine Rolle spielt oder ein tolles Leben lebt, das nicht das eigene ist, der sehnt sich nach der Befreiung seines wahren Wesens.

Taucht nun ein Gegenüber auf, dessen Art das verkümmerte Potenzial zur Entfaltung bringt, dann ist es geschehen. Besonders einfühlsame, fürsorgliche oder kreative Menschen werden dann als Geburtshelfer der wahren Persönlichkeit fantasiert. Oder Menschen, die einfach über die Beziehungen oder Mittel verfügen, die es zur Entfaltung des persönlichen Potenzials braucht.

Derart Verliebte sollte man nicht unter Druck setzen, denn das Risiko wäre hoch, dass sie eine Trennung wählen. Es braucht Zeit, das Ziel der Sehnsucht zu erkennen und daraus die richtigen Konsequenzen zu ziehen.

Oft müssen Betroffene erst einmal einer langen Geschichte nachspüren: die Entfremdung vom eigenen Wesen wahrnehmen, Situationen der Selbstbeschneidung betrauern und herausfinden, was unabdingbar zum eigenen Glück gehört. Es geht um Raum für die ureigenen Gefühle und Wünsche. Oft ist es ein Kampf um ein

Minimum an kreativer Lebensgestaltung, ohne das sich ein Mensch entfremdet fühlt.

Vielleicht eignet sich der Ehepartner nicht als Geburtshelfer für einen solchen Prozess. Aber er wird ihn unterstützen, sobald er verstanden hat, worum es geht. Schließlich ist es in seinem Sinne, dass der Partner, der sich verloren hat, wieder zu sich findet. Wenn das gelingt, klingt auch das Fremdverliebtsein ab.

Sexuelle Eskapaden

Die vierte Variante erotischer Sehnsucht besteht schlicht in dem Wunsch, mit jemand anders Sex zu haben. Sie betrifft oft Menschen, die eine Person zwar attraktiv finden, aber nie mit ihr das Leben teilen würden. Dennoch können die Fantasien eine lauernde Intensität gewinnen. Dann beschäftigen sich Männer und Frauen sehr konkret damit, wie sie eine sexuelle Situation einfädeln könnten.

In solchen Fällen ist die eigene Sexualität innerhalb der Ehe meist blockiert. Entgegen dem, was wir oft in den Medien sehen, entscheidet sich die sexuelle Erlebnisfähigkeit aber nicht daran, einen umwerfend attraktiven Partner zu haben. Sondern unsere sexuelle Erlebnisfähigkeit wächst mit unserer Fähigkeit, Intimität zuzulassen, zugleich mit uns selbst und dem Partner in Kontakt zu sein, die Sexualität einerseits sinnlich zu gestalten und andererseits die Selbstkontrolle loszulassen. Bei diesem Balanceakt können leicht Blockaden entstehen.

Diese Blockaden führen zu sexueller Frustration, die wiederum außereheliche Fantasien speist. Diese Fantasien weisen auf die Sehnsucht hin, die eigene sexuelle Energie fließen zu lassen.

Für die Ehe stellen sich daher folgende Aufgaben: Wichtig ist, dass beide Partner lernen, miteinander über ihr sexuelles Erleben zu sprechen, damit sie auch ihre sexuellen Ängste und ihr Unbehagen ausdrücken können.

Es gilt, eine emotionale Intimität zu entwickeln, die ein Schutzraum für beide Partner ist. Hier darf jeder ausdrücken, was in seinem Herzen und seinen Gedanken vor sich geht, gleichzeitig werden Grenzen gewahrt, und niemand muss etwas geschehen lassen, was sich nicht gut anfühlt. Wo man sich bei sexuellen Ängsten ertappt, geht es darum, diese behutsam in kleinen Schritten abzubauen.

Schließlich ist es wichtig, auch außerhalb des Schlafzimmers auf weibliche und männliche Lebendigkeit zu achten und diese zu entfalten. Manchen Paaren ist intuitiv klar, worum es bei diesen Aufgaben geht. Mit etwas Mut und Planung können sie ihre sexuelle Erlebnisfähigkeit verbessern. Anderen Paaren tut auf diesem Weg eine fachkundige Begleitung gut.

Von der Sehnsucht zur Suche

So kann außereheliche Sehnsucht zu einer Suche führen, die den Ehepartner mit auf den Weg nimmt. Gesucht werden Ausbrüche aus dem routinierten Alltag, eine Antwort auf emotionale Bedürfnisse, Raum für jeden, im tiefsten Sinne er beziehungsweise sie selbst zu sein, und eine Lebendigkeit als Frau oder Mann. Damit geht es um die Elemente, die wohl jede glückliche Liebesbeziehung braucht.

Wo diese Elemente fehlen, blickt die Sehnsucht irgendwann über die Ehe hinaus. Dabei kommt es nicht darauf an, dass Sehnsüchte vollkommen gestillt werden. Oft ist das nicht möglich und wir Menschen müssen mit einem Rest an ungestillter Sehnsucht leben. Wichtiger ist, dass sich Sehnsüchte ausdrücken dürfen, in eine Suchbewegung übergehen und schließlich, so weit es geht, gestillt werden.

Es kann eine starke Erfahrung für zwei Menschen sein, einander in einer Welt voller Ersatzbefriedigungen und Entfremdung beizustehen und auf die Stimme des Herzens zu hören. In einer Umkehrung des Zitates von Michael Lukas Möller lässt sich vielleicht sagen: »Nichts ist aufregender als die Möglichkeit, nach dem eigenen Wesen zu leben.«

Anregungen zum Gespräch

- Natürlich wäre es schön, wenn Sie für dieses Kapitel keine aktuelle Anwendung haben. Aber Sie können trotzdem Ihr Gespür dafür schulen, wie sich Lebensthemen und Lebenssituationen in erotische Sehnsüchte verwandeln können. Was fanden Sie beim Lesen besonders aufschlussreich?
- Denken Sie an andere Paare, die Sie näher kennen: Wo ist einer (beinahe) aus der Beziehung ausgebrochen? Ahnen Sie, was im Leben dieses Paares zu kurz gekommen ist?

Ich würde für niemanden die Hand ins Feuer legen, was eine Affäre angeht. Auch für mich selbst nicht. Es gibt aber ein paar Maßnahmen, durch die Sie Risikofaktoren ausschalten können.

Sicher vor Affären

Bruno sieht, wie seine Frau um die Hüften runder wird. Er bemerkt Krähenfüße in ihren Augenwinkeln. »Ich brauche mal was Frisches. Es geht nicht anders«, beschließt Bruno. Leider versteht die junge Kollegin seine Anspielungen nicht, doch dann ergibt sich auf einem Datingportal der entscheidende Kontakt.

Hedda denkt: »Werner hätte es weiterbringen können als nur bis zum Softwareentwickler. Seine ärmellose Jacke über dem beigen Hemd langweilt mich. Ich möchte einmal in den Armen eines Mannes liegen, der Stil und Erfolg hat.« Dass der Rotary Club eine Sekretärin sucht, kommt Hedda entgegen.

Entstehen so Affären? Natürlich nicht. Fast niemand sucht aktiv nach einer Seitenbeziehung. Sondern man rutscht einfach hinein, oft ohne die Gefahr überhaupt zu bemerken. Fast nie handelt es sich um Fremde, sondern es funkt da, wo es schon Berührungspunkte gibt: mit Freunden, Kollegen, Nachbarn oder Personen, denen man in Internetforen zunächst harmlos näherkommt.

Dies ist ein Ergebnis der großen Affärenbefragung, die der Psychologe Ragnar Beer mit 3 000 Betrogenen durchgeführt hat (Focus 19/2006). Andere Studien haben das Ausmaß des Fremdgehens erfasst: Etwa ein Drittel aller Partnerschaften sind davon betroffen. Solche Zahlen machen Angst. Aber wir können unsere Beziehung vor Dritten schützen.

Seien Sie realistisch

Das gemeinsame Leben ist lang. Es ist wichtig, dass Ehepartner einander vertrauen. Es ist aber auch wichtig, dass sie sich selbst richtig einschätzen. Gehen Sie lieber einmal davon aus, dass auch Sie beide in der Lage sind, sich in einen anderen zu verlieben oder in einer Versuchungssituation falsche Entscheidungen zu treffen.

Wenn Sie sich darüber im Klaren sind, dass Sie keine Heiligen sind, dann können Sie in Ihrer Partnerschaft ein Klima schaffen, in dem man über verwirrte Gefühle und Irritationen reden kann, bevor es zum Äußersten kommt. Vielleicht reden Sie demnächst einmal über dieses heikle Thema? Und sagen einander Unterstützung zu für den Fall der Fälle?

Wer die erotische Dimension des Lebens grundsätzlich ausblendet, wiegt sich in einer falschen Sicherheit. Wenn Sie hingegen

Gefahren anerkennen, können Sie sich im Umgang mit dem anderen Geschlecht gute Grenzen setzen:

Alles, was Ihre Zweisamkeit romantisch macht – ein Abend im Weinlokal, ein einsamer Spaziergang –, lädt auch andere Mann-Frau-Beziehungen erotisch auf. Wer nicht in Affären stolpern will, sollte solche Begegnungen auf den Ehepartner beschränken.

Es gibt Frauen und Männer, die sich gewohnheitsmäßig flirtend verhalten. Das fällt den Betroffenen oft nicht auf, es entfaltet trotzdem eine Wirkung. In einer sicheren Partnerschaft halten sich die Partner von verführerischen Menschen fern.

Oft öffnet ein Mitgefühl die Tür zu mehrdeutigen Beziehungen. Ich bin Zeuge einiger Affären, die so begonnen haben. Muss ein Ehemann eine Freundin trösten, die über ihre Trennung nicht hinwegkommt? Weil er gut zuhören kann und der Einzige ist, der sie in dieser Situation wirklich versteht? Nein.

Ist diese Vorsicht nicht übertrieben? Nicht übertriebener, als wenn wir uns im Auto anschnallen. Wann braucht man schon den Sicherheitsgurt? Doch im Ernstfall macht die gute Gewohnheit den entscheidenden Unterschied.

Wägen Sie Ihr persönliches Risiko ab

Wenn es zu einem Seitensprung gekommen ist, halten sich viele meiner Therapeuten- und Seelsorgerkollegen an folgende Sichtweise: Zu einem Seitensprung gehören immer zwei. Irgendetwas in der Beziehung kann nicht mehr gestimmt haben, wenn einer fremdgeht.

Ob es barmherzig oder fahrlässig ist, den fremdgehenden Partner so zu entlasten, darüber kann man im Einzelfall streiten.

Aber die Annahme, dass man die Ursache für eine Affäre immer auch in der Ehe suchen muss, führt definitiv manchmal in die Irre.

Es gibt nämlich auch individuelle Risikofaktoren, die im Lauf einer Ehe aktiv werden können:

Manche Menschen sind in jungen Jahren erotisch blockiert. Sie schwärmen aus der Ferne. Sie stellen sich ungeschickt an und sammeln beschämende Erfahrungen von Missachtung oder Abweisung. Oft ist es dann der Ehepartner, mit dem die erste bedeutsame Beziehung zustande kommt. Man heiratet, die Sehnsucht aber bleibt nach dem, was man in jungen Jahren verpasst hat. Später kann es zu Seitenbeziehungen kommen, die an eine Teenagerliebe erinnern. Die wirken fast harmlos, haben für die Ehe aber eine ähnliche Wucht wie eine ausgewachsene Affäre.

Wer als Kind wenig gefühlvolle Zuwendung erlebt hat, behält oft einen Hunger nach Intimität. Den stillt nur die Verliebtheit vollständig, nicht aber die Ehe. Die Nähe zum anderen Geschlecht weckt dann ein starkes Verlangen nach einer intimen Berührung.

Manche Menschen wachsen in engen Bindungen einer beinahe idealen Familie auf. Als Erwachsene haben sie einen Schwachpunkt, der in der Fachsprache Suggestibilität heißt: eine Bereitschaft, sich beeinflussen zu lassen, wenn ein anderer es nur geschickt genug anstellt. Betroffene erkennen nicht, dass die Annäherung eines Dritten gefährlich und schädlich sein kann. Sie können einfach nicht glauben, dass andere Menschen niedere Motive haben.

Bevor ihnen recht bewusst wird, was geschieht, haben sie sich schon auf eine Intimität eingelassen. Der Absprung würde eine gesunde Aggression erfordern, über die die Betroffenen nicht verfügen.

Wenn einer dieser Risikofaktoren auf Sie zutrifft, was können Sie dann tun? Listen Sie einmal Situationen auf, in denen Sie nicht mehr für Ihre Gefühle und Handlungen garantieren könnten. Vermeiden Sie solche Situationen, auch wenn sich das wie eine Beschneidung anfühlen mag.

Der Teil in uns, den dann Selbstmitleid plagt, ist genau derjenige, der fremdgehen würde, wenn sich eine Gelegenheit böte. Den können wir sterben lassen, auch weil er uns die Freude an der Liebe vergällt.

Warum die Vermutung, es liege immer an beiden, nicht unbedingt zutrifft, habe ich erläutert. Gleichzeitig gilt aber auch: Natürlich hat die Qualität Ihrer Ehe Einfluss darauf, ob sich Gefühle und Begehrlichkeiten nach außen richten oder nicht.

Halten Sie Ihre Ehe fit

Eine glückliche Ehe muss nicht perfekt sein. Es gibt aber ein paar Punkte, die ein Affärenrisiko in sich bergen. Die sollte ein Paar nicht ignorieren.

Sex ist vielleicht nicht das Wichtigste in einer Ehe, aber eine sexuelle Flaute, die lange anhält, kann eine Beziehung undicht machen. Manchmal kann sich ein Partner sexuell nicht mehr oder nicht mehr oft öffnen. Das ist in Ordnung. Doch das Paar sollte sich dann auf den Weg machen, damit das nicht so bleibt.

Manchmal helfen schon offene Gespräche, die nach Lösungen suchen für das, was gerade unangenehm ist oder was blockiert. Manchen geben Ratgeber gute Hinweise. Auch Beratungsangebote helfen, wenn ein Paar alleine nicht mehr weiterkommt. Wenn sich eine Beraterin oder ein Berater mit dem Thema Sex sicher fühlt, ist es schon nach kurzer Zeit nicht mehr peinlich.

Manche Partner führen eine schöne Beziehung, aber in einem Bereich haben sie resigniert und entfremden sich voneinander. Das kann das gemeinsame Gespräch sein, Zärtlichkeit, Kindererziehung, gemeinsame Aktivitäten oder ein anderes Thema. Auseinandersetzungen haben zu Streit oder Missverständnissen geführt.

Jetzt ist ein Bereich der Beziehung stillgelegt, und jeder sucht für sich alleine einen Weg, mit diesem klarzukommen. Manchmal kann das eine kluge Lösung sein, um in stressigen Zeiten durchzuhalten.

Aber darin liegt auch ein Risiko: Was, wenn nun ein anderer kommt, mit dem man genau dort wunderbar übereinstimmt, wo in der Ehe nichts mehr läuft? Um solch einer Entwicklung vorzubeugen, sollten wir auch in einem kritischen Bereich aufeinander zugehen und einen behutsamen Neubeginn wagen.

»Vielleicht war das die Midlife-Crisis?«, haben sich schon mehrere Personen gefragt, mit denen ich einen Seitensprung aufgearbeitet habe. Tatsächlich fragen Menschen in der Mitte des Lebens oft: »War das schon alles?« Und es verfestigt sich der Eindruck, Wesentliches verpasst zu haben.

Solch ein Gefühl kann für Erfahrungen außerhalb der Ehe öffnen. Eine derartige Entwicklung beobachte ich vor allem in Ehen, wo eine gemeinsame Perspektive fehlt.

Nun kann nicht jeder sein Leben komplett umkrempeln, weil der Partner mit dem Bestehenden nicht mehr glücklich ist. Aber warum nicht gemeinsam auf der Suche bleiben?

Das Leben ist spannend: Wir können uns Gott neu zur Verfügung stellen und beobachten, was er in unser Leben treten lässt, uns gemeinsam auf neue Menschen oder Situationen einlassen und Interessen nachgehen, die vielleicht ein wenig verrückt sind. Manchmal puzzeln sich kleine Erlebnisse zu einem Bild zusammen, das dem Leben wieder eine aufregende Perspektive gibt.

Eher dankbar als stolz

Wir Menschen sind schwach und das Leben hält böse Überraschungen bereit. Wer im Alter auf eine Treue zurückblicken kann, die eine ganze Ehe lang getragen hat, darf wohl mehr dankbar als stolz sein.

In Abwandlung eines Lutherzitates könnte man vielleicht raten: »Beten Sie, als ob alle Vorsicht nichts nützen würde, und schützen Sie Ihre Ehe, als ob alles Gebet nichts helfen würde.«

Wer treu bleibt, kommt sich manchmal treudoof vor. In unseren Tagträumen mag eine Affäre aufregend erscheinen, in der Realität ist sie es nicht. Manchmal beneide ich Ratsuchende für etwas, das sie in ihrem Leben genießen. Aber noch nie habe ich jemanden um die Erlebnisse beneidet, die er in einer Affäre gemacht hat.

Zu diesem Schluss kommt auch der Seitensprungforscher Ragnar Beer: »Wenn die Menschen wüssten, welchen Ärger und welches Leid sie sich selbst und ihrem Partner durch einen Seitensprung einhandeln, würden die allermeisten wohl darauf verzichten und ihre Kraft lieber in ihre Beziehung investieren.«

Anregungen zum Gespräch

- Wäre es wirklich schlimm, wenn einer von Ihnen in den nächsten Jahren sagen müsste: »Ich will es nicht, aber ich habe mich verliebt«? Oder: »Wenn ich diese Situation weiterhin zulasse, dann kann ich irgendwann nicht mehr für mich garantieren«? Wäre es nicht besser, Sie könnten im Fall der Fälle offen sein und vom anderen Verständnis und Unterstützung bekommen?
- Welche Vorsichtsmaßnahmen sind schon selbstverständlich für Sie? Bei welchen Paaren beobachten Sie einen gewissen Leichtsinn im Umgang mit dem anderen Geschlecht?
- Was müsste mit Ihrer Beziehung passieren, damit eine Sehnsucht nach einer außerehelichen Erfahrung wächst? Wie können Sie einer solchen Situation vorbeugen?

Dornen und Stolperranken

So schön der Garten unserer Liebe aussieht und so süß seine Früchte auch sind, ganz ohne Schmerz können wir uns nicht in ihm bewegen. Wir stechen uns am Beerenstrauch oder an den Rosen. Wir stolpern über eine Wurzel, die sich aus dem Erdreich gedrückt hat. Wir genießen es, barfuß zu gehen, und dann schiebt sich ein Holzsplitter unter die Haut unserer Fußsohle.

Auch in der Liebe liegen Freude und Verletzungen, Wonnen und Schmerz nahe beieinander. Wer unverwundbar sein will, müsste sich gegen die Liebe entscheiden und alleine leben.

Jedes Paar kann jedoch lernen, wie es die unvermeidlichen Verletzungen versorgt. Und es kann lernen, die Liebe vor unnötigen Verletzungen zu schützen. So würden wir ja zum Beispiel keine Scherben im Garten liegen lassen, wenn einmal etwas zu Bruch gegangen ist. Die folgende Checkliste zeigt Ihnen, worauf es dabei ankommt.

Checkliste »Dornen und Stolperranken«

Unsere Kommunikationsfallen

Manchmal bin ich zu kritisch, wenn wir miteinander reden.

☐ Ja ☐ Nein

Manchmal bist du zu kritisch, wenn wir miteinander reden.

☐ Ja ☐ Nein

Manchmal rechtfertige ich mich und gebe dir das Gefühl, gar nicht zu mir durchzudringen. ☐ Ja ☐ Nein

Manchmal rechtfertigst du dich und gibst mir das Gefühl, gar nicht zu dir durchzudringen. ☐ Ja ☐ Nein

Manchmal sage ich etwas, das dich beschämt oder dumm dastehen lässt. ☐ Ja ☐ Nein

Manchmal sagst du etwas, das mich beschämt oder dumm dastehen lässt. ☐ Ja ☐ Nein

Manchmal mache ich innerlich zu und ziehe mich zurück, wenn mir ein Gespräch zu belastend wird.
☐ Ja ☐ Nein

Manchmal machst du innerlich zu oder ziehst dich zurück, wenn dir ein Gespräch zu belastend wird.
☐ Ja ☐ Nein

Im Zweifelsfall bin ich diejenige/derjenige, die/der die Situation rettet, wenn wir uns gegenseitig verletzt oder frustriert haben.
☐ Ja ☐ Nein

Im Zweifelsfall bist du diejenige/derjenige, die/der die Situation rettet, wenn wir uns gegenseitig verletzt oder frustriert haben.
☐ Ja ☐ Nein

Unsere Möglichkeiten nach einem Sturm

Im Vergleich zu anderen Paaren tragen wir unsere Konflikte wohl ziemlich heftig aus. ☐ Ja ☐ Nein

Wir können loslassen und Ruhe finden, auch wenn wir ein Problem noch nicht lösen können. ☐ Ja ☐ Nein

Ich kann deine Gefühle meist verstehen, auch wenn ich einmal ganz anderer Meinung bin. ☐ Ja ☐ Nein

Du kannst meine Gefühle meist verstehen, auch wenn du einmal ganz anderer Meinung bist. ☐ Ja ☐ Nein

Ich kann mich selbst in meinen Reaktionen annehmen und weiß, dass ich für meine Gefühle gute Gründe habe.
☐ Ja ☐ Nein

Wenn sich meine Kindheitserfahrungen mit unserem Streit vermischen, dann bemerke ich das. ☐ Ja ☐ Nein

Mancher Streit hat uns schon weitergebracht und wir haben aus ihm gelernt. ☐ Ja ☐ Nein

Unsere Herkunftsfamilie

(Wenn sich Ihre Herkunftsfamilie im Lauf Ihrer Kindheit verändert hat, zum Beispiel wenn ein Elternteil ausgezogen oder ein Stiefelternteil dazugekommen ist, dann wählen Sie die Familienkonstellation, die Sie vermutlich am stärksten geprägt hat.)

In meiner Herkunftsfamilie waren wir sparsam, vielleicht sogar zu sparsam. ☐ Ja ☐ Nein

In meiner Herkunftsfamilie war man mit Geld großzügig, vielleicht sogar ein wenig verschwenderisch. ☐ Ja ☐ Nein

In meiner Herkunftsfamilie waren Planung und Effektivität sehr wichtig. ☐ Ja ☐ Nein

In meiner Herkunftsfamilie war Spontaneität sehr wichtig.
☐ Ja ☐ Nein

Meinen Eltern war ihr Status wichtig und das Bild, das sie für andere abgeben. ☐ Ja ☐ Nein

Mein Eltern war es beinahe egal, wie andere sie sehen.
☐ Ja ☐ Nein

Meine Eltern haben gerne etwas Neues ausprobiert und dafür Gewohntes hinter sich gelassen. ☐ Ja ☐ Nein

Meine Eltern haben sehr an dem festgehalten, was sie aufgebaut haben und woran sie gewohnt waren.
☐ Ja ☐ Nein

Meine Eltern waren sehr kontaktfreudig und hatten einen großen Freundes- und Bekanntenkreis. ☐ Ja ☐ Nein

Meine Eltern hatten Tiefgang und konnten auch über persönliche Dinge gut reden. ☐ Ja ☐ Nein

Unseren wunden Punkte

Wenn mir etwas fehlt oder wenn ich unter Druck komme, dann nehme ich dir manchmal deine Freiheit. ☐ Ja ☐ Nein

Ich gebe manchmal ein zu gutes Bild ab und wecke bei dir Erwartungen, die ich dann enttäuschen muss. ☐ Ja ☐ Nein

Wenn ich wütend oder verletzt bin, bestrafe ich dich manchmal, auch wenn ich das nicht immer bewusst tue. ☐ Ja ☐ Nein

Manchmal verändert sich meine Wahrnehmung von dir und dann kommst du mir unfähig oder charakterschwach vor (obwohl ich weiß, dass das eigentlich nicht so ist).
☐ Ja ☐ Nein

Untergangsboten der Liebe

Erstaunlich früh lässt sich erkennen, dass eine Ehe nicht halten wird. Vier Untergangsboten, die »apokalyptischen Reiter«, läuten das Ende ein. Doch wer die Gefahr erkennt, kann sie rechtzeitig abwenden.

Fünfzehn Minuten im Labor der Eheforscher genügen: Ein Ehepaar führt ein Konfliktgespräch, das als Video aufgezeichnet wird. Ein Team von Psychologen wertet das Gespräch aus und versucht vorherzusagen, ob sich das betreffende Paar trennen oder ob es zusammenbleiben wird. In neun von zehn Fällen trifft die Vorhersage ein, auch wenn es noch Jahre bis zur Trennung dauert.

Wie das geht? Die Therapeuten achten auf bestimmte Kommunikationsmuster. Erforscht wurden sie von dem amerikanischen Psychologen John Gottman. Er nannte sie »apokalyptische Reiter« – angelehnt an die Unheilsbringer aus der Offenbarung des Johannes. Sie sind der Schlüssel zur Zukunft einer Ehe.

Vier Untergangsboten

»Alle glücklichen Familien gleichen einander. Jede unglückliche Familie ist auf ihre eigene Art unglücklich«, schrieb Leo Tolstoi. Jede unglückliche Liebe hat ihre eigene Geschichte, die oft von mehreren Generationen geschrieben wurde.

Und doch nehmen unglückliche Ehen einen Verlauf, in dem sie sich immer ähnlicher werden. In einer Ehe, die zu Ende geht, galoppieren vier apokalyptische Reiter durch die Beziehung. Das Paar hat sich an die Untergangsboten gewöhnt und kann ihr Erscheinen nicht einmal dann verhindern, wenn andere anwesend sind.

»Kritik« heißt der erste apokalyptische Reiter. Nicht mehr das Verhalten des Partners wird kritisiert, sondern seine ganze Person, seine Art und sein Charakter. Der Reiter »Kritik« kann laut oder leise daherkommen, grob oder gebildet, aber immer führt er Waffen in der Hand wie diese:

- »Warum denkst du immer nur an dich selbst?«
- »Deine Freunde sind dir wichtiger als ich.«
- »Du bist unerträglich chaotisch.«

Der zweite apokalyptische Reiter heißt »Rechtfertigung«. Dieser Reiter tritt vor allem Bedürfnisäußerungen des Partners nieder. Sei es ein Wunsch, eine Bitte, eine berechtigte Kritik – schon setzt sich die Rechtfertigung in Bewegung:

- »Ich arbeite hart, dafür habe ich keinen Kopf.«
- »So empfinde ich nun einmal. Soll ich meine Gefühle abstellen?«

»Verachtung« heißt der dritte apokalyptische Reiter. Dieser Reiter zieht oft als letztes Aufgebot in den Kampf, wenn sich ein Streit festgefahren hat oder ein Problem lange ungelöst bleibt. Der Reiter »Verachtung« versprüht eine Säure, die das Selbstwertgefühl des Partners zersetzt und die Liebe rasch auflöst:

- »Du glaubst wirklich, dass du ausgerechnet dieses Mal pünktlich bist?«
- »Du bist doch genauso engstirnig wie dein Vater.«
- »Es wundert mich nicht, dass deine Kollegen nicht mit dir auskommen.«

Verachtung drückt in kleinen Bemerkungen aus, wie unterlegen, unzureichend und peinlich der andere ist.

Wenn sich der vierte apokalyptische Reiter schließlich in Bewegung setzt, wird es still in der Beziehung: »Rückzug«. Ein Ehepartner macht emotional dicht. Er schweigt und lässt Situationen gar nicht mehr zu, in denen ein Gespräch oder ein Gefühlskontakt entstehen könnte. Der Reiter »Rückzug« zerstört, was als Letztes stirbt: die Hoffnung.

Mit Gott gegen das Unglück

Persönliche Kritik, Verachtung, ein Übermaß an Selbstrechtfertigung und Rückzug sind es, die eine Ehe zerstören.

Wenn man unter dieser Perspektive in die Bibel blickt, stellt man fest: Sie fordert uns hundertfach auf, solchem Verhalten keinen Raum zu geben. Kritik der Person steht uns nicht zu: »Richtet nicht, damit ihr nicht gerichtet werdet.« Dieses Gebot findet sich wiederholt, in unterschiedlichen Betonungen. Immer meint es: Über die Motive und den Charakter von Menschen urteilt nur Gott, der in die Herzen sieht.

Verachtung kommt nicht auf, wenn sich ein Mensch auf einen Weg der Demut einladen lässt: »Einer achte den anderen höher als sich selbst.« Würdevoll klein sein an der Hand eines großen Gottes, das führt zu einem guten Blickwinkel.

Oberflächliche Rechtfertigung ist ebenfalls keine Lösung. Denn jeder Mensch hat die verführbare Natur Adams geerbt, die ihn täglich Fehler machen lässt. Vergebung erfahren und selbst vergeben, das ist das Ein- und Ausatmen der Liebe.

Der Neigung zum emotionalen Rückzug tritt das Liebesgebot entgegen, das selbst zur Feindesliebe aufruft: »Bleibe dem anderen zugewandt, nimm dich seiner Bedürfnisse an, auch wenn er dich verletzt oder deine Sicherheit bedroht.«

Es sind göttliche Gebote, die die Liebe schützen. Sie zu befolgen, kann übermenschlich schwer werden. Die Kraft, das Böse zu überwinden, kommt nicht aus unserem eigenen Willen und schon gar nicht aus dem Mund Neunmalkluger, die auf alles eine fromme Antwort haben.

Gottes Kraft erschließt sich vielmehr im Vertrauen auf ihn und in der Bereitschaft, eingeschliffene Verhaltensmuster zu ändern.

Spurwechsel

John Gottman hat nicht nur Untergangsboten beobachtet, er hat auch Verhaltensweisen untersucht, die glückliche Beziehungen tragen. Den vier apokalyptischen Reitern lassen sich vier positive Faktoren gegenüberstellen. Mit ihrer Hilfe kann ein Spurwechsel gelingen.

Von persönlicher Kritik zur emotionalen Annahme. In jeder persönlichen Kritik steckt Ablehnung, nicht nur der verstreuten Socken, sondern des Mannes, der sich so gehen lässt. Persönlich wird es auch, wenn mich nicht die langen Telefongespräche meiner Frau stören, sondern ihre Eigenschaft, Beziehungen wichtiger zu nehmen als Zeitpläne.

Zur emotionalen Annahme kommt es, wenn sie zwar über die Socken verhandelt, aber sein Bedürfnis nach Entspannung ab und zu unterstützt: »Lass nur liegen und ruh dich erst einmal aus.« Emotionale Annahme vermittelt er, wenn er sich nicht nur für einen Zeitplan starkmacht, sondern gelegentlich ihr Bedürfnis unterstützt, spontan offen für andere Menschen zu sein.

Die Bedürfnisse des Partners zu verstehen, kann schwierig sein. Vielleicht muss mir ein introvertierter Freund erklären, warum meine Frau nicht gerne auf Partys geht und was sie braucht, um sich dort trotzdem wohlzufühlen.

Von der Verachtung zu Neugier. Verachtung ist Fremdenhass in der eigenen Ehe. Was mir fremd ist, das nenne ich minderwertig, im schlimmsten Falle spreche ich der Lebensweise meines Partners ihr Existenzrecht ab. Wenn das zwei Völker tun, gibt es Krieg. Völkerverständigung beginnt, wo eine Neugier entsteht gegenüber der Lebensart des anderen, gegenüber seiner Geschichte und seinen Zielen.

Besonders in langjährigen Ehen herrscht oft eine große Unwissenheit übereinander. Ein Konflikt ist dann ein guter Anlass, mehr über den anderen zu erfahren:

- »Welche Geschichte steht eigentlich dahinter, dass mein Mann so unerbittlich hart werden kann? Was will er erkämpfen? Wovon träumt er?«

- »Warum macht meine Frau selbst dann großzügige Geschenke, wenn es bei uns finanziell eng ist? Welche Geschichte führt sie dazu? Welcher Lebensphilosophie folgt sie in solchen Momenten?«

Natürlich glauben wir, die Antwort auf solche Fragen schon zu kennen. Aber wenn ich wirklich einmal nach der Geschichte meines Partners frage, nach seinen Ängsten, Zielen und Sehnsüchten, sind Überraschungen garantiert – und eine neue, herausfordernde Freude am anderen.

Von der Rechtfertigung zur Bereitschaft, sich beeinflussen zu lassen. Rechtfertigung macht hart und unbeweglich. Glückliche Partner dagegen beraten einander, geben sich gegenseitig Führung, prägen sich gegenseitig. Aber was, wenn mein Partner dumm, lebensuntüchtig, egoistisch oder tyrannisch ist? Soll ich mich auch dann seinen Wünschen unterwerfen und mich auf einen Weg bringen lassen, der mir nicht guttut?

Was ich in dunklen Momenten für das wahre Gesicht meines Partners halte, ist ein verzerrtes Bild, das von der Verhärtung unserer Beziehung herrührt. Darum befreit es, wenn ich dem anderen Gutes unterstelle. Wo ich mich beeinflussen lasse, zeige ich Respekt und Kompromissbereitschaft: »Diese Entscheidung macht mir Angst und ist mir unbehaglich. Aber ich will mich trotzdem darauf einlassen. Auf jeden Fall wird es eine neue, gemeinsame Erfahrung.«

Natürlich gibt es einige Werte und Ziele, die unaufgebbar sind. Doch nur ein kleiner Teil der Alltagsentscheidungen wird solche Prioritäten betreffen. In vielem kann ich mich von meinem Partner beeinflussen lassen, ohne mich dabei selbst aufzugeben.

Vom Rückzug zur Zuneigung. Die Ehe ist exklusiv. Intimität und tägliche Nähe gibt es nur beim Ehepartner. Wenn der sich entzieht, versiegt die wichtigste emotionale Quelle. Zuneigung dagegen ist die Haltung, die den Gefühlstank des Partners füllt. Im Verliebtsein lässt Zuneigung den Gefühlstank überfließen, in einer stabilen Ehe sinkt er selten in den Reservebereich ab.

In der Krise reichen die Gefühle nicht für große Gesten. Aber auf sie kommt es auch nicht an. Es sind die kleinen Aufmerksamkeiten des Alltags, die den Gefühlstank füllen: ein freundliches Wort, zusammen tun, was einem Freude macht, eine Weile aufmerksam zuhören, den anderen für eine schöne Unternehmung freisetzen, Schulter an Schulter sitzen.

Das Überwiegen positiver Gefühle ist das Geheimnis stabiler Beziehungen. Auch bei glücklichen Paaren gibt es Spannungen und Streit. Die negativen Gefühle sind aber nicht bestimmend, weil es mehr Positives gibt. Dann finden Paare einen Notausgang aus dem Streit: eine Albernheit, eine Entschuldigung, eine zärtliche Ablenkung, die sagt: »Komm, wir sind uns doch wichtiger als die Sache, über die wir da streiten.«

Man könnte es auch so formulieren, dass wir grundsätzlich vor folgende Herausforderung gestellt werden: Stoppen, was die Substanz der Beziehung schädigt, täglich die Substanz der Beziehung aufbauen – auf diese Weise gelingt die Wende zu einer glücklichen Ehe. Aber es braucht Zeit, bis ein spürbarer Wendepunkt erreicht ist, schließlich hat der Zerfall auch lange gedauert.

Die Versuchung ist daher groß, aufzugeben und eine neue, unverbrauchte Beziehung zu beginnen. Tolstoi, der große Chronist unglücklicher Liebe, schrieb jedoch: »Alles nimmt ein gutes Ende für den, der warten kann.«

Anregungen zum Gespräch

- Hand aufs Herz: Haben Sie eine der unheilvollen Kommunikationsweisen schon einmal bei sich beobachtet? (Beantworten Sie das bitte nur für sich selbst, nicht für den anderen …)
- Wie geht es Ihnen innerlich, wenn Sie zu Kritik, Rechtfertigung, Verachtung oder Rückzug Zuflucht nehmen? Was könnte Ihnen dann helfen? Wie könnte Ihr Partner Sie in solchen Momenten unterstützen?
- Welche Rettungsmöglichkeiten haben Sie schon entdeckt, wenn die Kommunikation einmal entgleist ist? Wie haben Sie wieder zusammengefunden?

Streit gehört zur Liebe, er ist die Kehrseite unserer Leidenschaft. Wenn Paare gar nicht streiten, macht mir das als Paartherapeut eher Sorgen. Denn möglicherweise gären dann Themen unter der Oberfläche der Beziehung und brauen sich zu etwas zusammen, das später Probleme macht.

Zugleich hat Streit in einer Liebesbeziehung manchmal eine überfordernde Wucht. Dann benötigt ein Paar Ideen, wie es nach dem Sturm wieder klar sehen und aufräumen kann.

Erste Hilfe nach dem Streit

Wie ein Schlag fährt die Wucht der Worte in den Bauch. Gedanken schwirren durcheinander. Der Verstand ist zu benommen, um sie zu verfolgen. Angst und Wut wogen im Innern, das Herz schnappt nach Luft. Der Partner wirkt fremd und fern, geschrumpft auf den wütenden Blick, das überlegene Lächeln.

Wenn die Benommenheit weicht, beginnt das Kino im Kopf. Es spielt den Streit erneut ab, wieder und wieder. Der Verstand sucht nach einem guten Ausgang, wie man es bei einem Film tut. Und irgendwann ändern sich die Szenen: Das Kopfkino zeigt Überzeugungsversuche, einsame Entscheidungen, sogar Racheakte und Trennungen. Es sind bedrückende Szenen, die der innere Regisseur verwirft und neu inszeniert. Schlafen kann so keiner.

Schwere Konflikte versetzen uns in einen Ausnahmezustand. Körper und Seele stehen unter Spannung, doch es gibt kein Ziel, auf das sich die Energie richten ließe. Erste Hilfe muss daher erst einmal beruhigen. Dann können wir uns orientieren, eine vorläufige Lösung suchen und uns einander wieder annähern.

Loslassen und Ruhe finden

Der Kern jedes Konfliktes ist die Ohnmacht: »Ich brauche etwas, aber meine Partnerin gibt es mir nicht.« »Mich stört sein Verhalten, aber er hört nicht damit auf.« »Ich bin auf sie angewiesen, aber sie macht nicht mit.«

Die Ohnmacht verstärkt die Anstrengung: Ich bitte und werbe, argumentiere und überzeuge, ich offenbare meine Not, ich dränge und drohe. Aber wenn sich mein Partner nun querstellt, wird meine Ohnmacht nur noch stärker.

Erste Hilfe leistet hier eine Haltung, die in die Ohnmacht einwilligt. Denn Liebe gibt dem anderen die Freiheit, entgegen meinen Wünschen zu handeln:

- Auch wenn ich mich in einen Heiligen verwandle und nur Gutes und Wahres sage, wird das meine Partnerin vielleicht nicht überzeugen.
- Auch wenn ich recht habe und zwingend argumentiere, wird er vielleicht nicht nachgeben.
- Auch wenn ich meine Not drastisch ausdrücke, finde ich vielleicht nicht ihr Mitgefühl.

Dann ist es besser, loszulassen und die Situation erst einmal zu akzeptieren.

Mit einem Blick nach vorne kann man die Ohnmacht aber begrenzen: Niemand muss eine Situation, unter der er sehr leidet, auf Dauer hinnehmen. Schwierige Themen kann man in einem günstigen Moment wieder ansprechen und neu verhandeln. Und die meisten Paare haben in der Vergangenheit schon gute Kompromisse gefunden.

In Momenten der Ohnmacht hilft es, sich daran zu erinnern. Eine Lebensweisheit sagt nämlich: Viele überschätzen, was sie kurzfristig erreichen, und unterschätzen, was sie langfristig erreichen.

Ehekonflikte lassen sich als Kreislauf von Ohnmacht und Überreaktionen verstehen, wie folgende Abbildung zeigt:

Der Kreislauf aus Ohnmacht und Überreaktion

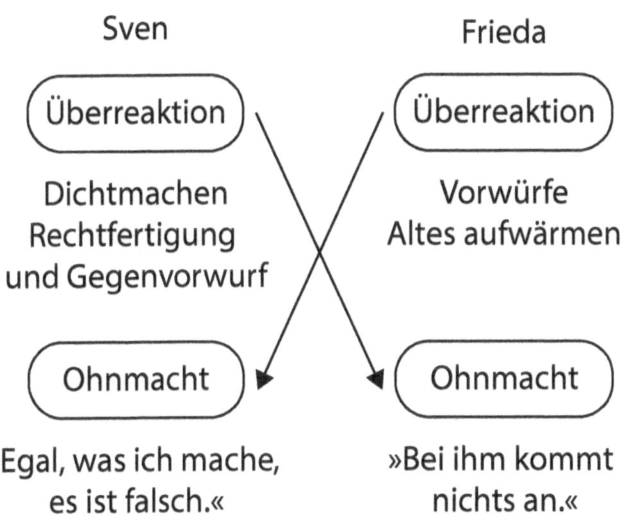

Wer den Kreislauf durchbrechen will, muss die eigene Überreaktion unterdrücken. Unsere Überreaktionen lassen sich wie unsere biologischen Reaktionsmöglichkeiten einteilen: Kampf, Flucht oder Unterwerfung.

Ein Waffenstillstand statt weiterkämpfen, ein offenes Ohr statt Rückzug, abwarten statt resignieren – das alles zeigt einen Ausweg aus dem Teufelskreis.

Nach meiner Erfahrung finden gläubige Paare leichter zu einer inneren Ruhe. Ihr Glaube hilft ihnen, das eigene Glück nicht allzu sehr auf den Partner zu stützen und unerfüllte Wünsche Gott anzuvertrauen. Vergeben erleichtert es, selbst böse Erfahrungen loszulassen und sich für Gutes zu öffnen.

Wer Gottvertrauen und Vergebungsbereitschaft hat, findet eine Zuflucht im Sturm der Gefühle, die vielleicht auch den Partner einlädt.

Wieder klar sehen

Wenn ein Partner negative Gefühle auslöst, hat das immer einen guten Grund. Der andere sieht diesen Grund vielleicht nicht oder lässt ihn nicht gelten.

Trotzdem haben Gefühle immer eine Berechtigung. Vielleicht drängt der andere auf eine ungerechte Lösung, vielleicht hat er abwertende Worte gebraucht, vielleicht ist er die Antwort auf eine wichtige Frage schuldig geblieben. Das alles sind ja keine Untaten, aber Grund genug, sich mit einem Verhalten nicht wohlzufühlen.

Den guten Grund für ein Gefühl zu benennen und anzuerkennen, heißt in der Fachsprache »validieren«. Dies ist ein zentraler Bestandteil jeder Therapie und Beratung, weil es Klarheit schafft: »Darum geht es also. Ich habe mir mein ungutes Gefühl nicht nur eingebildet.«

Wer sich selbst validieren kann, also den guten Grund für sein Gefühl findet, sieht klarer, worum es in einem Streit eigentlich geht.

Allerdings reagiert das Gefühl nicht ausschließlich auf die aktuelle Situation, sondern wird meist auch noch von Kindheitserfahrungen bestimmt. Dieser Vorgang lässt sich an Verallgemeinerungen erkennen:

- »Immer zwingst du mir deinen Willen auf!«
- »Nie interessiert es dich, wie es mir dabei geht!«

Solche Verallgemeinerungen tun dem Partner unrecht. Wer klar sehen will, sollte daher sein Gefühl nicht nur validieren, sondern auch relativieren, zum Beispiel so:

- »Ja, Andreas will sich in diesem Punkt durchsetzen, aber so dominant wie meine Eltern behandelt er mich nicht.«
- »Ja, Heike hat meine Annäherung gerade zurückgewiesen, aber so kalt, wie sie mir im Augenblick vorkommt, ist sie nicht.«

Auf diese Weise lässt sich eine Sicht zurechtrücken, die allzu sehr von Gefühlen bestimmt ist. Der berechtigte Kern für die Traurigkeit, Angst oder Wut ist vielleicht kleiner als zunächst angenommen, aber durchaus vorhanden und daher wert, sich einer Auseinandersetzung zu stellen.

Wenn die Gefühle auf diese Weise geklärt sind, können Partner beginnen, nach einer Lösung zu suchen.

Eine vorläufige Lösung

In Konfliktsituationen überfordert sich ein Paar, wenn es nach einer endgültigen Lösung sucht. Stattdessen kann man vorgehen wie ein Zahnarzt, der den Schmerz mit einem Provisorium stillt. Damit lässt es sich eine Weile leben, und ein Patient kann in Ruhe überlegen, welche Lösung er schließlich wählt. Vorläufige Lösungen können ganz unterschiedlich aussehen:

- Wir vertagen die Entscheidung und denken noch eine Weile darüber nach.
- Wir suchen in dieser Frage erst einmal Rat, bevor wir eine Entscheidung treffen.
- Diesmal kann ich nachgeben, aber nur, wenn wir für ähnliche Situationen eine Lösung suchen, mit der ich ebenfalls leben kann.
- Dieses Mal muss ich Nein sagen, aber ich werde nach Möglichkeiten suchen, wie ich dir in Zukunft entgegenkommen kann.

Schließlich können vorläufige Lösungen auch in einem Kompromiss bestehen, der nicht auf Dauer angelegt ist. Beide Partner können leichter verzichten oder ein Unbehagen in Kauf nehmen, wenn ein Kompromiss lediglich als Versuch gesehen wird.

Wo die persönlichen Schmerzgrenzen für einen Kompromiss liegen, bemerkt ein Paar ohnehin erst, wenn es ihn einmal ausprobiert. Das zeigt folgendes Beispiel: Elvira geht als Stadträtin häufig zu Abendveranstaltungen, bei denen auch die Ehepartner eingeladen sind. Martin kann politischen Veranstaltungen und Vereinsjubiläen wenig abgewinnen. Das führt zu immer heftigerem Streit.

Sie einigen sich zunächst so: Martin begleitet Elvira, aber nach dem offiziellen Ende gehen beide zügig und machen es sich unterwegs oder zu Hause noch nett. Wie gut Elvira mit dem Verzicht leben kann – natürlich würde sie gerne länger bleiben – und ob Martin mit der Fremdbestimmung seiner Freizeit zurechtkommt, muss der Praxistest zeigen.

Wenn die vorläufige Lösung dafür gesorgt hat, dass der Schmerz abgeklungen ist und die Beziehung wieder einigermaßen funktioniert, kann man dann in Ruhe überlegen, ob es eine Vereinbarung gibt, mit der beide auf Dauer leben können.

Wiederannäherung

Wie wichtig Versöhnungsversuche nach einem großen Streit sind, hat der amerikanische Paarforscher John Gottman untersucht. Er stellte fest: Paare, die heftig streiten, werden meist unglücklich und trennen sich irgendwann.

Aber Versöhnungsversuche – schon während des Streites oder auch danach – schützen die Beziehung. Sie können allerdings leicht missverstanden werden, schließlich ist der Partner noch zornig oder verletzt. Oft braucht es Fingerspitzengefühl, um herauszufinden, wofür der andere gerade zugänglich ist. Zum Glück ist die Auswahl an versöhnlichen Gesten groß:

- ein Scherz: »Wenn wir so weitermachen, werden wir wie meine Eltern.«
- eine Zärtlichkeit
- ein sexuelles Angebot (besonders Zorn lässt sich gut in sexuelle Energie überführen)
- die Wirperspektive einnehmen: »Dieses Problem soll uns doch nicht auseinanderbringen. Denkst du nicht, wir beide finden eine Lösung dafür?«
- ein Zeichen der Fürsorge: »Soll ich dir mal einen Kaffee kochen?« – »Sollen wir hier mal aufhören? Du brauchst doch für die Sitzung heute Abend einen klaren Kopf!«
- Verständnis äußern: »Ich kann verstehen, dass dich das ärgert. Vielleicht würde es mir an deiner Stelle ähnlich gehen.«
- ein Versöhnungsvorschlag: »Komm, wir vertragen uns wieder.«

Manchmal wehrt der Partner einen Versöhnungsversuch erst einmal ab. Meist bessert sich die Stimmung aber trotzdem und nach einer Weile reagiert der andere milder.

Versöhnungsversuche schaffen eine positivere Atmosphäre, auch wenn man sich in der Sache noch nicht einig ist. Ein widerwilliges Nachgeben in der Sache oder ein einseitiges Schuldeingeständnis taugen allerdings nicht zur Versöhnung. Sie schließen einen falschen Frieden, der nicht lange halten kann.

Aus dem Streit lernen

Jeder ist froh, wenn sich die Wogen geglättet haben und wieder heiteres Wetter aufzieht. Es kostet daher ein wenig Überwindung, noch einmal zurückzusehen und einen kritischen Blick auf den Streit zu werfen. Warum hat er sich so hochgeschaukelt?

Manchmal kommt es zu Streit, weil dumme Zufälle und Missverständnisse zusammentreffen. Ein solcher Streit wird sich so schnell nicht wiederholen.

Bei vielen Paaren kommt es aber in immer gleicher Weise zum Streit, er lässt sich vorhersehen und vorhersagen. Typische Auslöser und Streitmuster können wir am besten aufspüren, wenn sich die Wogen geglättet haben, der Streit aber noch nicht allzu lange zurückliegt. Folgende Konfliktmuster treten häufig auf:

- Ein Partner schluckt so lange Unangenehmes, bis es mit Wucht aus ihm herausbricht. Die Moral dieser Erfahrung lautet dann: »Sage lieber rechtzeitig, wenn dich etwas stört.«
- In manchen Situationen lässt sich eine befriedigende Lösung nicht sofort finden. Einer verliert dann die Geduld, versucht, eine Lösung zu erzwingen, und auch der andere greift irgendwann zu Druckmitteln. Hier lautet die Moral: »Bleibe geduldig

und ausdauernd bei der Suche nach einer Lösung. Manches braucht eben seine Zeit.«

- Ein Partner ist unachtsam, wo der andere einen wunden Punkt hat. Die Lehre nach einem solchen Streit lautet: »Wenn ich in diesem speziellen Punkt sensibel bin, kann ich uns beiden eine unangenehme Situation ersparen.«

Mancher Streit offenbart auch Verborgenes. Partner sagen dann: »Ich hätte nicht gedacht, dass mir das so wichtig ist.« Dann ist der Streit ein Geburtshelfer für Neigungen, Wünsche und Träume, die unter den Wehen starker Gefühle zur Welt kommen.

Ein Mann beispielsweise, der eine harmoniebedürftige Frau hat, entdeckte im Streit, wie wichtig es ist, vor den Schwiegereltern und Freunden zu seiner Meinung stehen zu dürfen. Und das selbst dann, wenn einmal Spannungen damit verbunden sind. »Ein Minimum an Echtsein«, so lautete seine Erkenntnis, »brauche ich in Beziehungen, um mich wohlzufühlen und meine Selbstachtung zu bewahren.«

Die Wunden, die ein Streit einem Paar zufügt, brauchen manchmal eine ganze Weile, bis sie nicht mehr schmerzen. Wer besser streiten gelernt hat, Versöhnung übt oder sogar noch etwas aus dem Streit lernt, hat immerhin ein Trostpflaster.

Anregungen zum Gespräch

- Wo haben Sie schon gelassen reagiert, wenn Sie für ein Problem keine Lösung gefunden haben, mit der beide zufrieden sind?
- Die Psychologie sagt: »Es gibt für jedes Gefühl einen guten Grund« – auch wenn ein Gefühl manchmal unangemessen stark werden kann oder unsere Sicht einer Situation verzerrt. Kön-

nen Sie den guten Grund für Ihre Gefühle schon erkennen und einander darin ernst nehmen?
- Wann haben Sie zuletzt aus einem Streit etwas Wichtiges gelernt?

Es gibt viele Themen, über die man streiten kann. Doch viele Anlässe für einen Streit haben ein Urthema: unsere Herkunftsfamilien und die unterschiedlichen Gewohnheiten, Vorlieben und Abneigungen, die dort entstanden sind.

Die Schätze der (Schwieger-)Eltern bergen

Die Familie des Partners kann einen ganz schön herausfordern mit ihren Ansichten und Gewohnheiten. Aber schließlich hat sie den Menschen hervorgebracht, den ich liebe. Die Schwiegereltern zu verstehen, hilft darum, den Partner zu verstehen; sie wertzuschätzen, heißt, Schätze zu entdecken.

Die Wahl des Ehepartners hat viel mit meiner Herkunftsfamilie zu tun: Das Schöne, das ich erlebt habe, möchte ich auch in meiner Ehe verwirklichen. Aber ich will auch etwas Eigenes aufbauen und vielleicht bei meinem Partner finden, was mir in meiner Familie gefehlt hat. Diese Wünsche machen bereit für das Neue, das die Liebe mit sich bringt.

Dennoch stoßen in jeder Partnerschaft zwei unterschiedliche Familienprägungen aufeinander. Es bedeutet Arbeit, sie unter ein Dach zu bringen. Gerade wenn sich ein Paar mit seinen familiären Prägungen beschäftigt, gibt es nichts Interessanteres als einen Besuch bei den Schwiegereltern.

Zu Besuch bei den Schwiegereltern

Im Wohnzimmer meiner Schwiegereltern kommen Urlaubsgefühle auf. Vom Sofa aus sieht man die Berge der Schwäbischen Alb, wo auf den Wiesen Kühe weiden. Ein beschaulicher Ort, wie geschaffen, um sich in ein Buch zu vertiefen. Das tue ich und werde von meiner Schwiegermutter aus meiner Lektüre gerissen. Sie teilt mir etwas mit, was ohne Not warten könnte. Sieht sie nicht, dass ich lese?

Ich blicke kurz auf, antworte und setze eine konzentrierte Miene auf.

Das hindert meine Schwiegermutter aber nicht, mir gelegentlich ihre Gedanken mitzuteilen und mich ins Gespräch zu ziehen, meinen Schwiegervater übrigens auch nicht.

Allmählich werde ich zornig. Warum finde ich hier keinen Respekt vor meinem kleinen Urlaubsgenuss und meiner Lektüre?

Szenenwechsel. Wir befinden uns im Garten meiner Eltern. Meine Frau Myriam hat es sich auf einem Liegestuhl gemütlich gemacht und vertreibt sich die Zeit mit einem Buch. Alle sind gerade beschäftigt. Trotzdem rechnet Myriam damit, dass sich gleich jemand zu ihr setzt und das Gespräch mit ihr sucht.

Aber nichts dergleichen passiert.

Myriam wartet und ist enttäuscht. Irgendwie scheint es keinen Unterschied zu machen, ob sie da ist oder nicht.

Beim Besuch der jeweiligen Schwiegereltern haben sich Gefühle potenziert, die wir auch aus unserer eigenen Beziehung kennen: Ich fühle mich gelegentlich von Myriam gestört, Myriam fühlt sich hin und wieder von mir ignoriert.

So war es ein Aha-Erlebnis, den Prägungen unserer Herkunftsfamilie auf die Spur zu kommen. Gemeinschaft ist wohl der höchste Wert in Myriams Familie: in Verbindung sein, Anteil nehmen, schöne Dinge gemeinsam erleben.

In meiner Familie ist Freiraum der höchste Wert: Respekt vor den Aufgaben und Herausforderungen des anderen, vor der Privatsphäre und den individuellen Wünschen. Daher steht hinter den Verhaltensweisen meiner Familie oft die Botschaft: »Ich schenke dir Freiraum«, auch dort, wo das Verhalten auf andere distanziert wirken könnte.

In Myriams Familie lautet die Botschaft: »Wir schenken uns Gemeinschaft.« Diese Botschaft steht auch hinter Verhaltensweisen, die auf Fremde wie eine Freiheitsberaubung wirken können.

Inzwischen verstehen wir die Familienkultur des anderen etwas besser. Das schützt uns vor falschen Interpretationen und so vor Zorn und Enttäuschung.

Typische Familienkulturen

Es gibt einige Themen, an denen unterschiedliche Familienkulturen besonders spürbar werden:

- Geld: Haushälterische Familien legen Wert auf Sparsamkeit. Das kann anderen kleinlich erscheinen. Unternehmerische Familien halten viel von Großzügigkeit und können verschwenderisch wirken.
- Zeit: Spontane Familien genießen gerne das Heute. Auf andere wirken sie manchmal planlos. Organisierte Familien gestalten ihren Alltag effektiv, was für andere stressig und freudlos aussehen kann.
- Status: Bescheidene Familien freuen sich an dem, was sie erreicht haben. Ihre fröhliche Selbstgenügsamkeit erscheint anderen als zu anspruchslos. Ehrgeizige Familien arbeiten am sozialen Aufstieg. Auf andere wirken sie vielleicht überheblich.
- Beweglichkeit: Nestbauende Familien leben ihren Traum vom Glück im eigenen Häuschen. Das halten andere vielleicht für

spießig. Mobile Familien brechen immer wieder auf zu neuen Ufern. Das kann getrieben und wurzellos wirken.

- Lebensausrichtung: Extrovertierte Familien verfügen über viele Kontakte und sind vielfältig aktiv. Anderen mag das oberflächlich (»weltlich«) erscheinen. Introvertierte Familien setzen ihren Schwerpunkt auf ihr Seelen- und Glaubensleben. Möglicherweise wirken sie weltfremd.

Der Schlüssel zur Wertschätzung

In jedem Fall liegt der Schlüssel zur Wertschätzung darin, die Familienkultur des anderen nicht an Maßstäben aus der eigenen Familie zu messen.

Aber man kann noch einen Schritt weitergehen und die Schätze der Schwiegereltern bergen. Dabei hilft folgende Frage: Was hat mich eigentlich an meinem Partner angezogen, als ich mich verliebt habe? Hat das nicht auch mit der Familienkultur zu tun, die ihn geprägt hat?

Es war doch die emotionale Wärme und Herzlichkeit, die mich an Myriam angezogen hat, die intensive Verbundenheit mit ihr – also gerade das, was Myriam aus ihrer Familie mitgebracht hat. Und umgekehrt schätzt Myriam mein Gespür für ihre Freiräume, meine Fähigkeit, mich zu distanzieren und nüchtern auf die Dinge zu schauen, also Eigenschaften, die auf dem Boden meiner Familienkultur gewachsen sind.

Wenn heute jemand aus meiner Familie anruft, mit Myriam kurz etwas klärt und das Gespräch nach zwei Minuten beendet, sieht Myriam das gelassen. Sie hat es sogar schätzen gelernt, dass es Menschen gibt, mit denen man kurz telefonieren kann, um sich dann ohne Schuldgefühle wieder seinen Aufgaben zuzuwenden.

Und ich reagiere inzwischen gelassen auf die regelmäßigen Anrufe meiner Schwiegermutter. Wir plaudern eine Weile und es ist nett. Seit einiger Zeit ertappe ich mich sogar bei dem Gedanken, selbst bei meinen Schwiegereltern anzurufen. Einfach nur so.

Anregungen zum Gespräch

- Was setzt Sie gelegentlich unter Stress, wenn Sie in der Herkunftsfamilie des anderen Zeit verbringen? Was enttäuscht Sie manchmal? Ist eine ähnliche Situation auch schon entstanden, wenn Sie nur zu zweit waren?
- Welche Eigenschaften lieben Sie besonders an Ihrem Partner? Können Sie erahnen, wie sich diese in der Kultur seiner Herkunftsfamilie entwickelt haben?
- Was sind Schätze Ihrer Familien, die Sie vielleicht noch bergen können?

Liebe ist eine versöhnende Kraft. Sie kann auch das wertschätzen, was uns selbst fremd ist. Sie nimmt das Unbehagen auf sich, das entsteht, wenn wir Unterschiede überbrücken und einen Kompromiss suchen. Doch manchmal werden dabei unsere wunden Punkte berührt. Dann aktivieren sich unsere Schutzmechanismen und wir stellen unsere Stacheln auf.

Stacheln in der Partnerschaft

Auch in der Liebe verletzen wir uns gegenseitig – oft ohne es zu wollen. Das geschieht häufig, sobald sich die Schutzmechanismen aktivieren, die wir in unserer Kindheit entwickelt haben. Diese gelten eigentlich gar nicht unserem Partner. Aber trotzdem tun sie dem anderen weh.

Solche Stacheln können ganz unterschiedlich aussehen. Vier Arten möchte ich näher beschreiben: Grenzüberschreitungen, Selbstdarstellung, Rache und Abwertungen.

Wenn Liebende Grenzen überschreiten

Liebende öffnen ihre Grenzen. Sie geben einander immer mehr von sich preis und beeinflussen sich gegenseitig. Irgendwann teilen sie Bad und Bett, Geld und Gegenstände. Und doch haben auch Liebende in alledem ein Gespür dafür, ob sie frei bleiben oder ihrer Freiheit beraubt werden.

Wo die Freiheit verloren geht, hat ein Partner eine Grenze überschritten. Wie leicht das geschieht, zeigen folgende Beispiele:

- Ingo fühlt sich für alles verantwortlich. Er nimmt Patrizia Aufgaben einfach aus der Hand oder trifft alleine Entscheidungen, die beide angehen.
- Martina fühlt sich schnell alleingelassen und reagiert manchmal eifersüchtig. Sie ruft Klaus häufig an, wenn er geschäftlich unterwegs ist. Manchmal fragt sie ihn in einer Weise über seine Kolleginnen aus, dass sich Klaus wie in einem Verhör fühlt.
- Philipp ist es oft peinlich, wie sich Jenny verhält. Er korrigiert sie häufig. Jenny hat manchmal das Gefühl, dass Philipp sie zu etwas Besserem erziehen will.

Grenzüberschreitungen sind gut gemeint, doch nehmen sie dem anderen seine Freiheit.

Wenn Sie in Ihrer Liebesbeziehung gelegentlich Grenzen überschreiten, dann können Sie entdecken: Liebe heißt loslassen. Natürlich dürfen Sie auf liebevolle Weise Einfluss ausüben: Ihre Gefühle ausdrücken, Wünsche aussprechen, Kompromisse aushandeln, wertschätzen, was Ihnen gutgetan hat. All das hat eine Wirkung und doch bleibt der andere in seiner Entscheidung frei.

Loslassen lernen. Aber was tun, wenn Sie loslassen und dann mit einem Mangel oder einer Verantwortung alleine dastehen? Dann lassen Sie die Liebe größer sein als den Mangel oder die Verantwortung. Das kann sich in Haltungen wie diesen ausdrücken:

- »Lieber will ich weniger nehmen, weiß aber, dass mein Partner dies ›wenige‹ gerne gibt. Das ist besser, als wenn er mir mehr gibt, nur weil ich ihn dazu gedrängt habe.«
- »Lieber führen wir ein Leben, das etwas unvollkommener ist, als dass ich meinen Partner erziehe und dadurch unsere Liebe störe.«

Manchmal kann es richtig schwer sein, an der Grenze stehen zu bleiben: zum Beispiel ein Nein zu akzeptieren oder zu ertragen, dass ein Partner etwas einfach nicht mitmachen will. Das konfrontiert mich mit einer existenziellen Frage: Wie gehe ich mit einem Mangel um?

Manchen hilft hier ihr Glaube. Sie erfahren: Wo ich mich mit einem Mangel an Gott richte, da begegnen mir Zeichen seiner versorgenden Liebe. Es entlastet beide, wenn Glaubende ihre Liebesbeziehung als Teil einer umfassenderen Fürsorge verstehen, mit der sich Gott uns Menschen zuwendet.

Freiheit wahren. Aber was können Sie tun, wenn Ihr Partner gelegentlich Ihre Grenzen überschreitet? Sie können liebevoll Grenzen setzen.

Vielleicht mögen Sie die Auseinandersetzungen nicht, in die Sie die Grenzüberschreitungen Ihres Partners führen. Doch Reibung erzeugt Wärme. In der Auseinandersetzung über Grenzen spüren

Sie Ihren Partner und auch sich selbst. Folgende Argumente helfen Ihnen bei der Grenzsetzung:

- »Das tut uns nicht gut …« (… wenn du alleine Dinge entscheidest, die uns beide angehen)
- »Ich bin dir ein besserer Partner, wenn …« (… du mich nicht ausfragst und dadurch in den Rückzug treibst)
- »Das möchtest du doch selbst nicht …« (… dass einer dem anderen seine Entscheidungsfreiheit nimmt)

Im Glauben finden Sie noch einen höheren Grund, Ihre Freiheit zu schützen. Denn Ihre erste Verpflichtung gilt der Bestimmung, die Gott in Ihre Persönlichkeit und Ihr Leben gelegt hat.

Wenn Gott Sie leiten möchte, darf Ihr Partner nicht die Richtung Ihres Lebens bestimmen. Wo Gott Ihre Persönlichkeit prägen möchte, hat Ihr Partner nicht das Recht, Sie zu formen.

Wenn Liebende blenden

Ganz anders wirkt sich der Stachel des Blendens aus. Liebe zeigt sich von der besten Seite und sieht das Beste im anderen. Aber was geschieht, wenn einer aus Liebe mehr verspricht, als er halten kann? Oder wenn einer seine Fehler nicht zugibt?

Selbstdarstellung ist anstrengend, denn man arbeitet immer wieder an einem Bild, das zu schön ist, um wahr zu sein. Aber auch für den anderen hat Selbstdarstellung Folgen: Sie weckt Hoffnungen, die enttäuscht werden. Dies kann zum Beispiel so aussehen:

- Karsten ist ein toller Typ. Jasmin erwartet, dass Karsten zu Hause genauso charmant und einsatzbereit ist wie in Gesellschaft. Doch Karsten fühlt sich von ihren Erwartungen bedrängt und Jasmin ist enttäuscht.

- Heike ist eine vorbildliche Ehefrau. Aber sie kann keine Fehler zugeben. Das macht ihren Mann hilflos und wütend, denn er möchte nicht immer wie der Schuldige dastehen, wenn es ein Problem gibt.

Selbstdarstellung weckt also Erwartungen, die sie gar nicht erfüllen kann. Das enttäuscht. Je toller sich einer fühlt, desto unzureichender fühlt sich der andere.

Echtsein wagen. Wenn Sie sich gelegentlich durch Selbstdarstellung schützen, dann stellt sich Ihnen die Lebensaufgabe, echt zu werden. Vertrauen Sie darauf, dass sich Ihr Partner ein richtiges Bild von Ihnen macht, auch wenn Sie Ihre Leistungen und Qualitäten nicht hervorheben. Stehen Sie zu Ihren Grenzen, Fehlern und Schwächen.

Wenn Sie Echtsein einüben, spüren Sie vermutlich Ihren wunden Punkt: »Bin ich tatsächlich geliebt, so wie ich bin?« Wahrscheinlich haben Sie als Kind eine Liebe erfahren, die an Bedingungen geknüpft war: Clever sein, witzig sein, charmant und hübsch sein, hilfsbereit sein … die Zuwendung und Aufmerksamkeit Ihrer Eltern drückte sich einfach stärker aus, wenn Sie durch irgendetwas positiv aufgefallen sind.

Auch hinter dem Stachel »Blenden« verbirgt sich also ein Lebensthema: Was macht meinen Wert aus? Je besser Sie sich heute annehmen und der Liebe Ihres Partners vertrauen können, desto leichter können Sie den Stachel der Selbstdarstellung ablegen.

Wer seinen Glauben praktiziert, kann einen entspannten Umgang mit den eigenen Fehlern und Mängeln einüben: Schuld bekennen und Vergebung erfahren; sich einer Liebe öffnen, die nicht an Bedingungen geknüpft ist; erleben, wie Gottes Führung aus unserem Mist Dünger macht.

Ein spiritueller Weg befreit Sie von der Anstrengung, einen guten Eindruck zu machen. Sie erfahren eine Liebe, die wirklich Ihnen gilt und nicht irgendwelchen Leistungen, die Sie zeigen, oder Qualitäten, die Sie verkörpern.

Liebevoll entlarven. Und was tun Sie, wenn Sie gelegentlich mit der Selbstdarstellung Ihres Partners konfrontiert sind? Sie dürfen Ihren Partner liebevoll durchschauen. Vielleicht müssen Sie zuvor ein Wunschbild loslassen, das Sie sich von Ihrem Partner gemacht haben.

Wenn Sie dazu bereit sind, hören Sie die Botschaft, die in der Selbstdarstellung liegt: »Ich möchte, dass du mich liebst.«

Selbstdarstellung beeindruckt uns außerdem nur, wenn sie an unsere existenziellen Bedürfnisse rührt. Unsere Sehnsucht nach Sicherheit lehnt sich gerne an eine starke Persönlichkeit an. Unsere Sehnsucht nach tiefer Berührung sucht ein lebendiges Gegenüber, das sich intensiv ausdrückt. Auch ein Bedürfnis, wertvoll zu sein oder einen Sinn im Leben zu finden, kann sich auf unseren Partner richten.

Doch damit überfordern wir unseren Partner heillos, selbst wenn der uns einmal entsprechende Hoffnungen gemacht hat. Der Glaube erinnert uns an diese tiefe Wahrheit: Unsere existenziellen Sehnsüchte kann nur Gott stillen. Wo wir auf einem spirituellen Weg Geborgenheit, tiefe Freude und Sinn finden, da lassen wir in der Liebe unsere Idealvorstellungen los.

Dann können wir die Selbstdarstellung als das betrachten, was sie ist: eine charmante Beschönigung oder eine liebesbedürftige Übertreibung.

Wenn sich Liebende rächen

Kleine Ungerechtigkeiten und Verletzungen kommen in jeder Liebesbeziehung vor. Aber nicht jeder kann mit diesen entspannt umgehen.

Für manche Partner liegt hier ihr wunder Punkt. Sie reagieren auf Ungerechtigkeiten oder Verletzungen mit Groll. Irgendwann bestrafen sie den anderen oder tun ebenfalls etwas, das den anderen schmerzt. Das kann im gemeinsamen Alltag so aussehen:

- Zugegeben: Als Marcel von der Arbeit heimgekommen ist, hat Ute ihn herumkommandiert. Sie war einfach gestresst, weil so viel zu tun ist. Aber dass sich Marcel nach ein paar Handgriffen ins Bad zurückzieht, abschließt und das Badewasser einlässt, kommt Ute vor wie ein Boykott.
- »Weißt du nicht, wie arrogant dich viele finden!«, schmettert Marlene Siggi an den Kopf. Wenn sich Marlene verletzt fühlt, sagt sie verletzende Dinge. Sie weiß doch, wie sehr Siggi darunter leidet, wenn andere seine Zurückhaltung und seine bedachte Wortwahl als überheblich missverstehen.

Rache will Gerechtigkeit wiederherstellen. Manche können der Versuchung nicht widerstehen, dem anderen eins auszuwischen, sobald sie sich verletzt fühlen.

Das ist verständlich, es stärkt aber nicht unbedingt die Beziehung. Sondern sie wird dadurch eher unsicher. Bestrafte Partner werden übervorsichtig. Sie fassen den anderen mit Samthandschuhen an. Oder sie werden wütend und steigen in einen Kreislauf der Vergeltung ein.

Die Macht der Liebe entdecken. Wenn Sie sich gelegentlich rächen, dann liegt Ihr wunder Punkt im Gefühl der Ohnmacht. Und dieses Gefühl ist berechtigt, denn manchen Verhaltensweisen unseres Partners sind wir tatsächlich ausgeliefert. Gelegentlich ist es bereits zu spät, wenn wir protestieren können. Für manche Schwächen ist unser Partner noch blind und kann sich daher nicht korrigieren.

Wichtig ist, dass Sie sich darüber im Klaren werden: Solche Erfahrungen machen nur einen kleinen Teil unserer Liebesbeziehung aus. Davon abgesehen, haben wir nämlich einen immensen Einfluss auf den anderen: Unsere Gedanken, Wünsche, Gefühle, was uns schmerzt und was uns Freude macht, all das beeinflusst den anderen stark – einfach weil Liebe berührbar macht. Wenn Sie dafür Ihre Augen öffnen, werden Sie Momente gelassener sehen, in denen Sie einmal ohnmächtig sind.

Lernen Sie außerdem, Konflikte auszutragen, und nehmen Sie Ihre natürliche Autorität ein, die Sie durch Ihr »Nein« und faires Verhandeln ergreifen können. Dann werden Sie sich seltener ohnmächtig fühlen und Ihren Bestrafungsstachel weniger benötigen.

Dahinter steckt aber auch noch eine größere Dimension: Wie wir auf die Macht anderer reagieren, ist auch eine existenzielle Frage. Der Glaube sieht die Macht Gottes hinter jeder menschlichen Machtausübung. Nicht dass Gott gut fände, was Sie an Ungerechtigkeit oder Verletzung erleben.

Doch er kann Ihrer Ohnmacht eine Wendung geben: Ihr Herz in Versöhnungsbereitschaft und im Vergeben schulen, Sie auf übernatürliche Weise Schutz und Gerechtigkeit erfahren lassen, auch wenn dies vielleicht nicht sofort geschieht und Ihnen eine Zeit des Glaubens abverlangt.

Den anderen ermächtigen. Wenn sich Ihr Partner gelegentlich an Ihnen rächt oder Sie bestraft, dann sind Sie weder zu Vergeltungsmaßnahmen noch zur Passivität verdammt. Führen Sie den anderen stattdessen aus der Ohnmacht: Werden Sie sich Ihrer

Macht bewusst, die in Ihren Worten und Handlungen liegt. Schulen Sie Ihre Einfühlung, damit Sie früh bemerken, wenn es Ihrem Partner mit Ihrem Verhalten einmal nicht gut geht. Fragen Sie im Zweifelsfall nach.

Wenn Sie diskutieren oder es zu einem Konflikt kommt, dann schenken Sie der Position Ihres Partners Aufmerksamkeit. Ermutigen Sie den anderen, Bedenken, Gefühle und Sichtweisen zu äußern. Dadurch beugen Sie der Ohnmacht vor, besonders, wenn Sie selbst schnell im Urteil, entscheidungsfreudig oder sogar etwas dominant sind.

In spiritueller Hinsicht können Sie Ihrem Partner ein Vorbild im Vergeben sein – weil Rache ungerecht und verletzend ist, haben Sie Gelegenheit dazu. So leben Sie Ihrem Partner eine ansteckende Großzügigkeit vor, bei der die Liebe mehr zählt als das eigene Recht.

Wenn Liebende abwerten

Liebe will das Beste im anderen wecken. Sie erträgt es nicht, wenn der andere unter seinen Möglichkeiten lebt.

Doch wie weit dürfen Liebende gehen, um dem anderen seine Fehler, Mängel und unguten Absichten bewusst zu machen? Wann wird aus einer wohlmeinenden Kritik eine Abwertung, die den geliebten Menschen verkennt und schlechter macht, als er ist? In den folgenden Beispielen geht das negative Urteil eindeutig zu weit:

- »Du liebst mich nicht. Du willst doch nur jemanden, der dir ein schönes Zuhause bietet und für deine Kinder sorgt.« Rico erstarrt und weiß nicht, was er auf diese niederschmetternde Analyse antworten soll.
- »Es sind doch nur ein paar einfache Dinge, die du bei deiner Mutter beachten musst«, behauptet Marcus. »Nicht zu viel er-

zählen. Weghören, wenn sie dir Ratschläge gibt. Thema wechseln.« Marcus blickt Dorothee streng an. »Macht es dir denn Spaß, immer wieder den gleichen Clinch mit ihr auszutragen?« Dorothee kommt sich dumm vor.

Abwertungen wollen den anderen bessern. Aber meist entmutigen sie nur.

Mit Unvollkommenheit versöhnt. Wenn Sie Ihren Partner gelegentlich abwerten, dann empfehle ich Ihnen folgende Strategie: Umarmen Sie die Unvollkommenheit! Man kann in einer unvollkommenen Welt mit unvollkommenen Menschen glücklich sein.

Das könnte die Entdeckung Ihres Lebens und vielleicht auch Ihrer Liebe sein! Sie löst Ihre gedankliche Fixierung auf Fehler und Mängel. Sie weitet Ihren Blick für all das Gute, das Ihr Partner in Ihr Leben bringt.

Messen Sie Ihren Partner vor allem nicht an Ihren eigenen Maßstäben, sondern an dessen Zielen und Herzensanliegen. Vielleicht wird Ihr Partner Ihren Maßstäben nicht gerecht, dafür aber seinen eigenen, die womöglich auch nicht schlechter sind als Ihre.

Haben Sie schon entdeckt: Die Liebe Gottes, wie sie sich in der Überlieferung des Neuen Testaments zeigt, sucht die Unvollkommenen, nicht die Selbstgerechten. Wahre Liebe sieht an den Mängeln vorbei die unverwechselbare Gabe jedes Menschen. Sie hält auch angesichts von Scheitern am unverlierbaren Wert des anderen fest. Wenn Sie zum Abwerten neigen, könnte dies eine wichtige spirituelle Übung für Sie sein.

Den Kaktus umarmen. Wenn Sie feststellen, dass Ihr Partner Sie immer wieder abwertet, könnten Ihnen folgende Gedanken helfen: Hinter dem Abwertungsstachel Ihres Partners verbirgt sich ein enttäuschtes Kind. Dessen frühe Bezugspersonen waren zu uneinfühlsam oder nicht fähig, seine Bedürfnisse feinfühlig zu stillen.

Unter Stress überträgt Ihr Partner diese Erfahrung. Dann kommen auch Sie ihm unfähig vor. Nehmen Sie die Abwertung daher nicht persönlich, sondern wenden Sie sich dem zu, was Ihrem Partner fehlt:

- »Welche Zeichen meiner Liebe fehlen dir denn gerade?«
- »Ist es dir vielleicht peinlich, dass ich nicht so souverän mit meiner Mutter umgehe, wie du es vielleicht tun würdest?«

Sobald sich Ihr Partner verstanden fühlt, hören die Abwertungen meist augenblicklich auf.

Wo der Abwertungsstachel Ihres Partners Sie zu Perfektion, Ernst oder Fehlervermeidung anspornt, können Sie einen spirituellen Raum betreten: Setzen Sie sich Gottes bedingungsloser Liebe aus, die vergibt, die Zeit zum Wachsen lässt und dafür sorgt, dass Ihnen selbst Ihre Fehler zum Guten dienen.

Eine fröhliche Unvollkommenheit, die aus den Quellen des Glaubens schöpft, wird auch die Anspannung Ihres Partners lösen.

Zu einem Streit gehören zwei, sagt das Sprichwort. Den Weg zum Frieden kann aber bereits einer finden. Jeder kann persönliche und spirituelle Schritte gehen, um folgenreiche Schutzmechanismen mit Gutem zu überwinden. So schützen Sie Ihre Liebe vor Verletzungen.

Außerdem ist es eine tröstliche Erfahrung: Die Schwächen unseres Partners mögen uns enttäuschen oder verletzen. Sie lassen aber auch unsere Persönlichkeit und unseren Glauben wachsen, wenn wir ihre Herausforderung annehmen.

Anregungen zum Gespräch

- Finden Sie Ihr Verhalten in einem der beschriebenen Stacheln wieder? (Grenzen überschreiten, sich selbst darstellen, sich rächen bzw. den anderen bestrafen oder den anderen abwerten? Bitte schätzen Sie das nur für sich selbst ein, nicht für den anderen …)
- Unsere Stacheln schützen einen wunden Punkt. Sie stellen sich auf, wenn eine Situation an unseren wunden Punkt rührt. Was ist wohl Ihr wunder Punkt? (Zum Beispiel ein Gefühl von Mangel oder Alleingelassen-Werden; ein Gefühl, nur geliebt zu werden, wenn Sie etwas leisten oder darstellen; ein Gefühl von Ohnmacht oder Ungerechtigkeit; ein Gefühl, dem Unvermögen des anderen ausgeliefert zu sein.)
- Könnte einer der Tipps dieses Kapitels für Sie hilfreich sein? Wie könnten Sie den wunden Punkt des anderen schützen? Wie könnten Sie liebevoll auf die Stressreaktion des anderen reagieren?

Schädlinge bekämpfen

In unserem Garten kreucht und fleucht es. Wir beobachten Bienen, Schmetterlinge und Libellen. Auch Ameisen und Spinnen gehören dazu, daneben Käfer, Falter und Insekten, deren Namen wir nicht einmal kennen. Sie alle finden einen Platz im Garten und leben in Harmonie mit ihm.

Doch es gibt auch anderes Getier, das zerstören muss, wovon es lebt: Schädlinge. Manche Schnecken, Läuse und Milben sind unersättlich. Sie breiten sich aus und richten immer mehr Schaden an, je länger man sie gewähren lässt. Manche von ihnen sind klein und nachtaktiv, sodass sie unserer Aufmerksamkeit leicht entgehen.

Der schlimmste Schädlinge der Liebe ist Stress: Mehr Aufgaben, Verpflichtungen und Erwartungen abarbeiten müssen, als der Liebe guttut. Wie Paare mit diesem Schädling umgehen, wirkt sich messbar auf ihr Glück aus.

Auch Lebensereignisse wie Krankheiten, Misserfolge und Verluste können der Liebe schaden. Das muss aber nicht geschehen. Denn viele Paare wachsen an schweren Erfahrungen und ihre Liebe vertieft sich sogar dadurch.

Manche Lebenssituationen werden einfach zu schwer. Wer dann eine Psychotherapie in Anspruch nimmt, der überwindet Krisen nicht nur schneller, sondern entlastet auch die Liebe. Doch eine Therapie kann Nebenwirkungen haben, vor denen sich ein Paar schützen sollte.

Darüber hinaus gibt es zwei Schädlinge, die aus unserer Gesellschaft in unsere Liebesbeziehungen dringen: ein Übermaß an Arbeit und ein Verhältnis zwischen den Geschlechtern, das der Liebe nicht guttut. Die folgende Checkliste hilft Ihnen, manche Schädlinge zu erkennen.

Checkliste Schädlinge

Unser Stress

Wir haben genug Zeit, um unsere Aufgaben zu erledigen, schöne Gemeinschaft zu haben und uns zu erholen.
☐ Ja ☐ Nein

Ich kann auch Nein sagen, wenn Verpflichtungen sonst zu viel werden. ☐ Ja ☐ Nein

Du kannst auch Nein sagen, wenn Verpflichtungen sonst zu viel werden. ☐ Ja ☐ Nein

Wir können andere gut um Hilfe bitten, wenn wir einmal überfordert sind. ☐ Ja ☐ Nein

Unsere Widerstandskraft

Ich könnte mir vorstellen, dass wir auch einen Schicksalsschlag gemeinsam gut verkraften könnten.
☐ Ja ☐ Nein

Unser gemeinsames Leben hat ein Fundament, das auch dann noch tragen würde, wenn wir unsere Gesundheit, unseren Wohlstand oder unseren Erfolg für eine Zeit lang verlieren würden.
☐ Ja ☐ Nein

Ich glaube, man ist vielem im Leben ausgeliefert und kann nur hoffen, dass nichts Schlimmes passiert.
☐ Ja ☐ Nein

Ich glaube, man kann auch aus schweren Situationen etwas Gutes machen und bald wieder glücklich sein.
☐ Ja ☐ Nein

Ich glaube, man kann in guten Zeiten etwas aufbauen, das einen trägt, wenn einmal schwere Zeiten kommen.
☐ Ja ☐ Nein

Unsere Wachsamkeit, falls einer von uns beiden in Therapie geht

Ich könnte mir vorstellen, eine Psychotherapie in Anspruch zu nehmen, falls ich einmal in eine Krise gerate oder eine Lebenssituation mich überfordert. ☐ Ja ☐ Nein

Ich kenne die Nebenwirkungen, die eine Psychotherapie auf eine Paarbeziehung haben kann. ☐ Ja ☐ Nein

Unsere Arbeit

Unser Verhältnis von Arbeit und Freizeit stimmt im Großen und Ganzen. ☐ Ja ☐ Nein

Manchmal war ich frustriert oder verärgert, weil du so viel gearbeitet hast. ☐ Ja ☐ Nein

Ich würde mir für mich eine berufliche Veränderung wünschen.
☐ Ja ☐ Nein

Ich würde mir für dich eine berufliche Veränderung wünschen.
☐ Ja ☐ Nein

Wenn es zu Hause einmal stressig ist, flüchte ich mich manchmal in berufliche Aufgaben. ☐ Ja ☐ Nein

In meinem Job wiegt die Freude die Belastung auf.
☐ Ja ☐ Nein

Unser persönliches Geschlechterverhältnis

Ich bin dir als Frau/als Mann ein gleichwertiges, starkes Gegenüber.
☐ Ja ☐ Nein

Manchmal fühle ich mich dir unterlegen, weil du dich besser ausdrücken kannst. ☐ Ja ☐ Nein

(An den Mann gerichtet:) Manchmal habe ich das Gefühl, ich bin dir nicht männlich genug. ☐ Ja ☐ Nein

(An die Frau gerichtet:) Ich fühle mich manchmal in der Beziehung zu stark und würde mir von dir mehr Stärke wünschen.
☐ Ja ☐ Nein

Stress – der unsichtbare Feind der Liebe

Nach einem Streit macht sich manches Paar Gedanken: Sind wir zu unterschiedlich? Wird er je meine Bedürfnisse verstehen? Wird sie mir je den Rücken stärken?

Das Problem liegt aber häufig gar nicht in der Beziehung. Sondern oft ist es schlicht der Stress, der ein Paar unter Druck setzt und entzweit.

Lange haben Paarpsychologen hauptsächlich auf die Beziehung an sich geblickt: Welche Persönlichkeiten treffen hier aufeinander? Wie kommuniziert ein Paar? Wie teilt es seine Aufgaben?

Erst in jüngerer Zeit richtet sich der Blick auf die Lebensbedingungen eines Paares. Und die Befunde sind eindeutig: Je mehr Stress, desto geringer ist die Zufriedenheit mit der eigenen Partnerschaft.

Dabei sind es selten die großen Belastungen, die ein Paar auseinanderbringen. Wenn ein Kind erkrankt oder ein Umzug zu bewältigen ist, rücken die Partner nämlich in der Regel zusammen. Stattdessen sind es die kleinen Stressmacher, die der Liebe die Luft abdrücken: Zeitdruck, Unordnung, knappes Geld, Ärger mit dem Auto, verlegte Schlüssel oder anstrengende Nachbarn.

Stress lass nach!

Wenn zu viele solcher Stressmacher zusammenkommen, rauben sie die Zeit für Gespräche und entspannte Unternehmungen. Wer gestresst ist, hört außerdem nicht mehr gut zu und reagiert abwehrend auf die Bedürfnisse des Partners.

Das wiederum macht es schwer, Kompromisse zu finden. Zu allem Überfluss mindert Stress das sexuelle Verlangen, er macht depressiv und müde, er weckt Ängste und psychosomatische Beschwerden. All das wirkt auch auf die Partnerschaft zurück, weil es positive Erlebnisse in den Hintergrund treten lässt.

Da wundert es nicht, dass auch das Trennungsrisiko mit zunehmendem Stress steigt. Das Leben vieler Paare ist hoffnungslos überfüllt. Nichts darf dazwischenkommen, niemand sollte stören, sonst kommt das eilige Leben aus dem Tritt.

Der Ausweg aus dem Stress ist leicht zu finden, aber schwer zu gehen: Helfer aktivieren, Verpflichtungen loswerden, gemeinsam an Probleme herangehen. Auf jedem dieser Auswege begegnen uns Gefühle, die uns lähmen können: Scham, Schuldgefühle und Beziehungsängste.

Wer die Liebe stärken will, muss sich diesen Gefühlen jedoch stellen.

Schämen Sie sich!

Eine Haushaltshilfe engagieren? Den Garten von einem Rentner aus der Nachbarschaft pflegen lassen? Das Fahrrad beim Händler reparieren lassen? Viele Aufgaben sind delegierbar, manchmal sogar zu einem Bruchteil des eigenen Stundenlohns.

Aber wer sind wir denn, dass wir Dienstpersonal einstellen? Andere schaffen es auch ohne Hilfe. Und kommt der Traum vom Eigenheim nicht in Gefahr, wenn wir unser schönes Geld nicht sparen? Wie stehen wir denn da, wenn wir nichts aufbauen?

Das sind die Schamthemen, die Paaren begegnen, wenn sie nach Entlastung suchen. Noch peinlicher ist es, um kostenlose Hilfe zu bitten, in der Verwandtschaft, im Freundeskreis oder der Kirchengemeinde. Davor schrecken viele selbst dann zurück, wenn eine verständliche Überforderung vorliegt, zum Beispiel durch eine Behinderung, eine Krankheit oder eine Pflegesituation in der Familie.

Aber sollte die Liebe nicht ein wenig Scham wert sein? Falsche Scham verfliegt, sie beruht auf dem falschen Stolz, alles alleine schaffen zu müssen. Es bleibt ein Rest an unvermeidlicher Scham. Doch wer sich dieser Scham stellt, wird authentischer: Sie ist die Tür zu jeder unverhüllten Begegnung.

Machen Sie sich schuldig!

Sie werden es ohnehin nicht schaffen, Ihre Kinder perfekt zu fördern, die Erwartungen aller Ihrer Lieben zu erfüllen oder alle Ihre beruflichen Chancen zu nutzen. Werden Sie also lieber einigen wichtigen Dingen gerecht und an allem Übrigen fröhlich schuldig.

Wer sagt denn, wie oft man Verwandte besuchen muss, wie oft Kuchen fürs Schulfest und für den Verein gebacken werden müssen und dass man es auch den unfreundlichsten Kunden recht machen muss? Hüten Sie sich vor autoritären Menschen, die ihre eigenen Gesetze erlassen und Sie auf dieser Grundlage schuldig sprechen.

Neinsagen macht anfangs Schuldgefühle, mit der Zeit geht das befreiende Wort leichter über die Lippen. Zumindest für gestresste

Paare gilt: Jedes Nein zu zusätzlichen Verpflichtungen beinhaltet ein Ja zur Liebe.

Fürchten Sie sich!

Stress entzweit, wenn jeder ein Problem auf seine Weise lösen möchte. Tatsächlich würde ich mich am sichersten fühlen, würde sich mein Partner in Belastungssituationen ganz genauso verhalten wie ich. Doch das ist eine unrealistische Erwartung.

Die gute Nachricht der Paarforscher lautet: Gemeinsame Stressbewältigung schützt die Beziehung vor Stressfolgen. Die Gefühle des anderen ernst nehmen und annehmen, gemeinsam nach Lösungen suchen, sich gemeinsam entspannen – das sind die drei Zutaten gemeinsamer Stressbewältigung.

Dabei begegne ich vielleicht Eigenschaften meines Partners, die mich beunruhigen: ihrer Impulsivität, seinem Planungseifer, ihrer Emotionalität, seiner stoischen Ruhe, ihrem Besserwissen, seinem Zweifeln. Die Eigenschaften des Partners führen zu Herangehensweisen, die einem unsicher erscheinen.

Es ist wie bei allen Ängsten: Sie verschwinden erst, wenn man sich ihnen aussetzt. Dann erlebt man aber zumeist, dass sich Stress im (Ehe-)Team besser bewältigen lässt als alleine.

Der Psychologieprofessor Guy Bodenmann empfiehlt in seinem Ratgeber »Stress und Partnerschaft« auch gemeinsame religiöse Aktivitäten. Diese stehen etwas verschämt in einer Liste anderer Punkte und werden nicht näher ausgeführt. Damit scheint mir das Potenzial des Glaubens allerdings zu gering veranschlagt.

Wo findet sich ein Gegenpol zu Konsumzwängen, Leistungsdenken und Statusstreben, wenn nicht im Glauben? Glaube kann sich Hilfe erbitten, Unwesentliches loslassen und er befähigt zu gemeinsamen Schritten im Vertrauen.

Stress erzwingt zuweilen ein Bekenntnis: Was ist uns wirklich wichtig? Wo suchen wir unser Glück? Wovon versprechen wir uns Sicherheit? Wenn Stress zum Anlass wird, den gemeinsamen Glauben zu vertiefen, hat er auch etwas Gutes.

Anregungen zum Gespräch

- Worauf verzichten Sie eher, wenn die Zeit einmal knapp wird: auf Zeit zu zweit, auf körperliche Erholung oder auf Aktivitäten, die Ihnen zwar wichtig, die aber nicht dringend sind? Erklären Sie einander Ihre Prioritäten.
- Falls Sie sich gerade gestresst fühlen: Können Sie den Stress verkleinern, indem Sie zu manchen Verpflichtungen Nein sagen oder andere Menschen um Unterstützung bitten?
- Wann ist es Ihnen einmal richtig gut gelungen, Stress gemeinsam zu bewältigen? Woran lag das wohl?

Keiner will Schädlinge in seinem Garten haben. Doch wir beobachten: Manche Pflanzen sind anfällig für Schädlinge, andere nicht, sie haben eine Widerstandskraft. Das ist auch im Garten der Liebe so.

Den Härten des Lebens standhalten

Sind Sie zufrieden mit der Art und Weise, wie Sie als Familie leben? Sind Sie zufrieden mit dem Maß an Nähe, das die Familienmitglieder zueinander haben? Sind Sie zufrieden mit den sozialen Beziehungen, die Sie als Familie haben?

Fragen dieser Art stellte der israelische Soziologe Aaron Antonovsky 60 Ehepaaren, die mindestens ein Kind hatten. Alle diese Familien mussten einen heftigen Schicksalsschlag verkraften. Denn ausgewählt wurden Paare, bei denen der Mann einen schweren

Unfall erlitten hatte oder von einer schweren Krankheit betroffen war. Für die meisten der 60 Männer hatte dies einen beruflichen Abstieg, finanzielle Verluste oder sogar Arbeitslosigkeit zur Folge.

»Welche Familien«, fragten sich die Forscher, »finden trotzdem zu einem glücklichen Leben zurück? Und was unterscheidet sie von Familien, die ein leidvolles Ereignis nicht verkraften?«

Tatsächlich zeigte sich ein Unterschied darin, wie Familien eine leidvolle Lebensveränderung bewältigten. Manche Familien bauten sich rasch wieder ein positives Leben auf, andere Familien erlebten Streit und Entfremdung sowohl innerhalb der Familie als auch in den Beziehungen zu ihrem Umfeld.

Als Ursache dieser Unterschiede entdeckten die Forscher ein Phänomen, das sie »Kohärenzsinn« nannten. Der Kohärenzsinn ist eine Sicht auf das Leben, die Paare widerstandsfähig macht. Er besteht aus drei Komponenten:

- aus dem Vertrauen, dass die Ereignisse im Leben geordnet, vorhersagbar und erklärbar sind,
- der Erwartung, dass es Mittel gibt, um mit Belastungen umzugehen,
- der Haltung, dass die Herausforderungen des Lebens es wert sind, sich ihnen zu stellen.

Menschen mit einem hohen Kohärenzsinn können also die Anforderungen des Lebens einordnen, bewältigen und ihnen einen Sinn geben.

In der Studie konnten Paare mit einem hohen Kohärenzsinn den leidvollen Einschnitt gut bewältigen, Paare mit einem niedrigen Kohärenzsinn nicht. Dabei reichte es sogar aus, wenn nur *ein* Partner eine positive Lebenseinstellung hatte, damit die ganze Familie vor negativen Folgen bewahrt blieb.

Seine viel zitierte Studie führte Aaron Antonovsky 1988 durch. Neuere Studien haben den Einfluss der Lebenseinstellung bestätigt. Paare mit hohem Kohärenzsinn profitieren in folgender Weise von ihrer positiven Haltung:

- Sie finden nach Krisen schneller zu einem Gleichgewicht zurück.
- Sie können Probleme besser lösen.
- Sie meistern Lebensübergänge besser, zum Beispiel die Geburt eines Kindes oder das Ausscheiden eines Partners aus dem Berufsleben.

Fröhlicher Realismus

Wie die Jahreszeiten wechseln auch unbeschwerte Zeiten und Zeiten von Druck, glückliche und unangenehme Lebensereignisse.

Wer das akzeptieren kann, stellt sich besser auf Lebensphasen ein, in denen die Dinge einmal nicht glattlaufen. Genauso wie die Tagesplanung eine Offenheit für unerwartete Probleme benötigt, erfordert die Lebensplanung eine Offenheit für Brüche, Umwege und Neuanfänge. Außergewöhnliche Menschen können Schweres sogar bejahen.

Eduard Mörike dichtete: »Herr, schicke, was du willst, ein Liebes oder Leides! Ich bin vergnügt, daß beides aus deinen Händen quillt.«

Und der Ordensgründer Frère Roger schrieb: »Schlimme Ereignisse einfach über sich ergehen lassen? Nein, vielmehr in sie einwilligen. Wie, wenn es manchmal sogar möglich wäre, an solcher Anfechtung zu wachsen?«

Gewöhnliche Menschen sind aber bereits widerstandsfähig, wenn sie ihr Lebensgefühl nicht auf die Illusion eines problemfreien Lebens stützen.

Dabei muss man nicht ängstlich Ausschau halten, was an Problemen kommen könnte. Keiner hat im Voraus die Kraft, Schweres zu bewältigen. Sie wächst Menschen in Krisen zu. Als Psychotherapeut begleite ich viele Menschen, die Schweres erleben: Beziehungskrisen, Krankheit, beruflichen Druck, die seelischen Folgen einer schweren Kindheit.

Jeder findet zu Stärke und Widerstandskraft. Jeder hat in seinem Leben Fähigkeiten und Stützpfeiler aufgebaut, die in schweren Zeiten tragen. Die seelischen Kräfte können unglaublich stark werden, wenn es darauf ankommt.

Aber Menschen unterscheiden sich sehr darin, ob sie an ihre Fähigkeit glauben, Schweres zu bewältigen. Manche reagieren mit Zuversicht, andere mit Verzweiflung. Die Studien zur Widerstandskraft zeigen, dass es gerade die Zuversicht angesichts von Problemen ist, die das Glück von Paaren schützt.

Wenn sie darüber hinaus dem Leben einen Sinn abgewinnen können, wird ihr Lebensfundament noch tragfähiger.

Wie finden Paare zu einer positiven Lebenseinstellung? Zunächst braucht ein Paar ein realistisches Bild vom Leben. Darüber hinaus sind Werte hilfreich, die dem gemeinsamen Leben einen Sinn geben. Und schließlich können Paare in ein positives Gleichgewicht von persönlichem Glück und Engagement für andere finden.

Drei Wege, einen Sinn zu finden

Auf den Weg zu einem erfahrbaren Sinn führt Viktor Frankl. Er gilt als Vater der sinnorientierten Psychotherapie und war in der Mitte des 20. Jahrhunderts Professor für Neurologie und Psychiatrie in Wien. Er nennt drei Wertkategorien, die einer sinnvollen Lebensgestaltung zugrunde liegen:

Schöpferische Werte. Sie entstehen, wo jemand an dem Platz, an den er gestellt ist, Gutes bewirkt – in seinem Beruf, für seine Familie und für sein persönliches Umfeld. Menschen setzen ihre Arbeitskraft, ihren Verstand und ihre Kreativität ein, um den Aufgaben und Notwendigkeiten ihrer jeweiligen Lebenssituation gerecht zu werden.

Frankl versteht die Lebenssituation von Menschen als »Anruf«, sich dort mit seinen Fähigkeiten einzubringen, wo es nottut. Viele Aufgaben erfordern eine Vielfalt von Fähigkeiten, zum Beispiel Gastfreundschaft, ein Amt als Elternvertreter, die Begleitung eines gebrechlichen Menschen, die Renovierung eines Gemeindehauses – Partner können sich hier in ihren unterschiedlichen Gaben ergänzen.

In einer wertschätzenden Paarbeziehung gelingt das selbst dann, wenn einer der beiden im Vordergrund steht und der andere ihn im Hintergrund unterstützt.

Erlebniswerte. Schöne Momente sammeln sich zu einem Schatz von Erlebnissen an, von denen ein Paar zehren kann. Sie lassen das Leben als Geschenk erscheinen und stärken die Hoffnung, nach schweren Zeiten auch wieder gute zu erleben.

Aber auch beglückende Erlebnisse wollen gesucht und gefunden, kultiviert und gepflegt werden. Naturerlebnisse, Kunstgenuss, Bewegung und Entspannung, Gaumenfreuden, Freundschaft, Fremdes entdecken, in Wissensgebiete vordringen, unbeschwerte Geselligkeit – solche Erlebniswerte aufzubauen, ist für Paare heute nicht leicht.

Denn zum einen bleibt in einer Leistungsgesellschaft dafür oft zu wenig Zeit. Zum anderen sind wir von einem Angebot an flüchtigen Befriedigungen umgeben, die zwar eine Flucht aus dem Alltag erlauben, als Erlebniswerte aber nicht taugen.

Einstellungswerte. Lebenssituationen wie die Krankheit eines Partners können so einschränkend sein, dass sie schöpferische Tätigkeiten verhindern, und so leidvoll, dass schöne Momente selten werden. Hier tragen Einstellungswerte, die sich in der Haltung ausdrücken, mit der Menschen schweren Situationen begegnen: Geduld, Würde, Tapferkeit oder Liebe.

Gibt es etwas Aufbauenderes als Menschen, die auch einen schweren Weg gelassen oder sogar fröhlich gehen? Gibt es etwas, das mehr Bewunderung weckt, als Menschen, die Verluste verkraften, ohne bitter zu werden, und die mit ihrer Geschichte versöhnt sind? Das könnte wie eine weltfremde Idealvorstellung klingen.

Doch als Jude, der mehrere Monate in Konzentrationslagern verbrachte und dort sowohl seine Eltern als auch seine Ehefrau verlor, gewinnt Frankl eine besondere Glaubwürdigkeit, wenn es um den Sinn im Angesicht des Leidens geht.

Die Sinnsuche kann für ein Paar zu einer spannenden Entdeckungsreise werden: Wie können wir unsere augenblickliche Lebenssituation als »Anruf« verstehen, uns gemeinsam einzusetzen? Wie können wir einen Schatz an schönen Erlebnissen sammeln? Welche Erfahrungen lassen uns das Leben als besonders lebenswert erscheinen? Mit welcher Haltung wollen wir auf Schwierigkeiten reagieren? Wer könnte uns dafür als Vorbild dienen? Wo finden wir Halt?

Widerstand und Hingabe

Wie sich das Leben eines Paares ausrichtet, hängt auch von seinem persönlichen Umfeld ab. Hier entfaltet sich das Leben, hier wird es aber auch eingeschränkt.

Manchmal engen die Erwartung des Umfeldes ein Paar derart ein, dass kaum mehr Zeit bleibt für schöne und wertvolle Aktivitäten. »Wir laufen nur noch unseren Aufgaben hinterher.« »Wir leben nicht, wir werden gelebt«, sagen Paare, denen der Sinn in ihrem Leben verloren geht.

Meiner Erfahrung nach gibt es vor allem drei Feinde einer sinnvollen Lebensausrichtung: Arbeitgeber, die ein Übermaß an Überstunden und Flexibilität fordern; Eltern und Schwiegereltern, wo sie noch einen starken Einfluss auf ein Paar haben, sowie Erwartungen von Verwandten, Nachbarn, Vereinen, Kindergärten, Schulen, Kirchengemeinden, deren Fülle heute kaum eine Familie mehr gerecht werden kann.

Paare fürchten oft eine Katastrophe, wenn sie zu oft Nein sagen, doch die bleibt in aller Regel aus. Ich bin Zeuge zahlreicher Befreiungsschläge: Eine Schwiegermutter wird nicht mehr jeden Sonntag zum Besuch empfangen, sondern seltener. Männer haben zeitaufwendige Ehrenämter niedergelegt, Frauen haben den Kontakt zu einer anstrengenden Nachbarin eingeschränkt.

Oft funktioniert das auch im Beruf: Eine Verwaltungsangestellte gab Akten zurück, die ohne Rücksprache mit ihr auf ihrem Schreibtisch landeten. Ein IT-ler weigerte sich, die Versäumnisse eines Kollegen auszubügeln, obwohl der Teamleiter dies erwartete.

Gefährlich ist ein Nein schon deshalb nicht, weil man ja immer noch nachgeben kann, wenn man merkt, dass man den Bogen überspannt und Konsequenzen drohen.

Die erpresserische Logik, mit der sich Erwartungen oft durchsetzen, lautet: »Wenn du es nicht tust, dann müssen andere umso mehr tun.«

Aber in einer Überflussgesellschaft bedeuten Engpässe, dass Mittel und Kräfte nicht richtig eingesetzt oder gesteuert werden. Es liegt nicht am mangelnden Einsatz Einzelner. Außerdem können Sie sowieso nicht alle Lücken füllen.

Den meisten positiven Einfluss werden Sie dann ausüben, wenn Sie sich dort einsetzen, wo es Ihren Gaben und Ihrer Überzeugung entspricht. Und vielleicht ist das nicht gerade da, wo eine uferlos mitteilsame Nachbarin ein offenes Ohr sucht oder wo ein Abteilungsleiter zu einem Ritt auf seinem persönlichen Steckenpferd einlädt.

Ein Nein wird allerdings oft besser akzeptiert, wenn man es mit einer persönlichen Priorität begründen kann: »Ich konzentriere mich gerade besonders auf dieses oder jenes.«

Dieser Gedanke führt von der Abgrenzung zu einem sinnvollen Einsatz im eigenen Umfeld. Wo sind wir gefragt? Wo wollen wir uns einsetzen? Wo können wir etwas zum Guten bewegen?

Es gibt eigentlich immer einen Bereich, in dem sich zwei Partner wunderbar ergänzen: Ihr detailbewusstes Planen und seine Kontaktfreudigkeit machen die beiden zu einem perfekten Team, wenn es darum geht, einen Urlaub mit befreundeten Familien zu organisieren. Ihre unendliche Geduld für die familiären Routinearbeiten schenkt ihm den Freiraum, sich in den Kirchengemeinderat wählen zu lassen.

Die meisten Paare erleben es als sinnvoller und befriedigender, wenn sie sich wenigen Dingen mit Hingabe widmen, statt vieles unter Druck zu tun.

Die Früchte einer positiven Lebenseinstellung

Ein abschließendes Beispiel soll zeigen, wie sogar Schweres dem gemeinsamen Leben eine positive Wendung geben kann:

Nach einer Phase beruflicher Überlastung war Armin so erschöpft, wie er es sich vorher nicht hätte vorstellen können. Schon Aufstehen und Duschen bedeuteten für ihn eine unsägliche Überwindung. Obwohl der Hausarzt Armin für drei Wochen krankschrieb, änderte sich an seinem Zustand nichts. Panik stieg in Armin auf. Er sah sich seinen Job, sein Haus und seine Familie verlieren.

Doch während der langen Monate der Genesung zeigte sich: Das Familienleben blieb nach wie vor schön. Da war etwas in Armins Leben, das selbst dann nicht verloren ginge, wenn die Familie das Haus verkaufen und in eine kleine Wohnung ziehen müsste. Als Armin seine Kräfte allmählich zurückgewann, erledigte er Einkäufe für eine verwitwete Nachbarin. Seine Frau genoss seine Anwesenheit und strahlte Zuversicht aus.

Offenbar war es Armin und seiner Frau gelungen, ein Leben aufzubauen, das seinen Sinn auch unabhängig von seiner Leistungsfähigkeit und der materiellen Situation hat. Als Armin schon längst wieder arbeitete, bemerkte er Früchte, die in der schweren Zeit gewachsen waren: Er reagierte auf Schwierigkeiten viel gelassener und verbrachte mehr Zeit mit der Familie.

Anregungen zum Gespräch

- Haben Sie für Krisen und schwere Zeiten vorgesorgt? Oder würde Sie dies völlig unvorbereitet treffen? Gibt es etwas, was Sie dann tragen würde? Oder fehlt Ihnen dafür noch etwas?
- Welcher Lebenssinn könnte Sie auch dann zufrieden machen, wenn Sie einmal unter Druck geraten? Welche schöpferischen Werte, Erlebniswerte und Einstellungswerte haben Sie schon gemeinsam aufgebaut? Was könnten Sie noch ausbauen? Und auf welche Weise?
- Kennen Sie ein Paar, das eine Härte in seinem Leben erstaunlich gut verkraftet hat? Was hat dieses Paar wohl getragen und gestärkt?

Manche Lebenssituationen und Lebensereignisse sind einfach überfordernd. Wenn sie darüber hinaus auch noch an wunde Punkte rühren, kann eine psychotherapeutische Begleitung ratsam sein. Doch damit diese der Liebe nicht schadet, sollten Sie ein paar Dinge beachten.

Wenn Therapie der Ehe schadet

Psychotherapie ist nicht wertfrei. Dem Zeitgeist entsprechend, zielt sie oft auf Selbstverwirklichung ab. Schnell wird der Ehepartner als Hindernis für die persönliche Entwicklung gesehen.

Solchen Nebenwirkungen von Therapie kann man jedoch entgegenwirken. Glücklicherweise ist eine Psychotherapie inzwischen längst kein Tabu mehr. Viele sprechen im Freundeskreis von ihren Krisen und den Erfahrungen, die sie in einer Therapie machen. Wenn ich auf einer Feier ins Gespräch komme und nach meinem Beruf gefragt werde, höre ich oft: »Eine Therapie habe ich auch schon gemacht.«

Seelische Probleme wie Schlafstörungen, Erschöpfung oder Ängste treten häufig auf. Die Wahrscheinlichkeit, innerhalb eines Jahres ein ernst zu nehmendes seelisches Problem zu bekommen, liegt bei knapp vierzig Prozent – das sagen Studien des Epidemiologen Hans-Ulrich Wittchen. Zum Glück wird Psychotherapie aber immer mehr als Dienstleistung gesehen, die neben anderen steht wie Krankengymnastik oder Stimmtherapie.

Doch greift Psychotherapie stärker in das Leben von Menschen ein als andere Dienstleistungen. Sie setzt Entwicklungen in Gang, die nicht wertfrei sind. Diese haben auch Auswirkungen auf die Ehe.

Glück oder Ehe?

Raimund kennt depressive Lebensphasen. In diesem Jahr kommen die Beschwerden aber mit einer solchen Wucht, dass Raimund in eine psychosomatische Klinik geht.

In der Klinik macht er eine irritierende Entdeckung: Die meisten Mitpatientinnen sind viel warmherziger und verständnisvoller als seine Frau. Die ist vom Temperament her nüchtern. Es tut Raimund gut, in seinen Gefühlen verstanden zu werden und manchmal eine ermutigende Hand auf seiner Schulter zu spüren. Raimund lernt, auf seinen Körper und seine Gefühle zu achten. Er soll auf sein »inneres Kind« hören. Er soll lernen, seine Leistungsgrenzen zu berücksichtigen, und erkennen, was er wirklich braucht.

Mit diesen Einsichten kehrt Raimund nach Hause zurück und gerät mit seiner Frau in ungewohnt heftigen Streit. Sie kann mit Raimunds »innerem Kind« nichts anfangen und fragt sich, warum sie plötzlich so viel Verantwortung für sein Gefühlsleben übernehmen soll. Raimund zweifelt, ob er die richtige Frau geheiratet hat.

Sibylle ist erschöpft und bricht häufig in Tränen aus. Als sie sogar lebensmüde Gedanken entwickelt, erschrickt sie und begibt sich in Therapie. Dort entdeckt sie, dass sie jahrelang ein Leben geführt hat, das nicht das ihre war: Verzichten für das Eigenheim, sich opfern für das Wohl der Kinder, zurückstehen für den Beruf ihres Mannes.

Sibylle erinnert sich, wie sie schon vor Jahren ihrem Mann geklagt hat, dass sie so nicht mehr weitermachen könne, dass es ihr zu viel sei. Ihr Mann hat sie beschwichtigt und auf später vertröstet. Jetzt konfrontiert Sibylle ihn mit ihren Einsichten.

In einem emotionalen Gespräch verdichten sich zwei Jahrzehnte Frust. Sibylle gebraucht Worte, die ihr Mann noch nie von ihr gehört hat. Für ihn wirkt das alles bedrohlich, und er hält dagegen, wie viel er selbst für die Familie eingesetzt hat. Sibylle ist enttäuscht von seiner Reaktion und merkt, wie sie sich verschließt. Sie investiert in Freundschaften und Hobbys und geht ihrem Mann oft aus dem Weg.

Der spürt, dass er immer mehr den Draht zu seiner Frau verliert. Er bringt Blumen mit, macht Vorschläge für ein gemeinsames Wochenende, aber all das scheint die Unzufriedenheit seiner Frau nicht zu lindern.

Risiken und Nebenwirkungen

Wie sind solche Therapieverläufe zu beurteilen? Die Beschwerden von Raimund und Sybille haben sich gebessert. Sie haben gelernt, ihre wahren Bedürfnisse zu entdecken und zu äußern. Ein Fragebogen zur Messung des Therapieerfolges würde ihren Therapien gute Noten geben. Und dennoch hat man den Eindruck, dass hier etwas schiefgegangen ist.

Hier offenbaren sich Schwächen von Psychotherapie, die durch den Zeitgeist bedingt sind. Menschen entwickeln sich, sie lernen, reifen, lösen sich von Altem und wagen Neues. In einer Psychotherapie geschieht das im Zeitraffer. Das kann ein Ehepaar aus dem gemeinsamen Takt bringen. Wer sich in einer Psychotherapie entwickelt, macht Prozesse durch, die den Ehepartner irritieren und abhängen können.

Das beginnt bei der Sprache. Denn in einer Therapie wird geübt, Erfahrungen in Worte zu fassen. Plötzlich hat einer einen vertieften Zugang zu dem, was in ihm abläuft, und ihm gelingt es immer besser, auf den Punkt zu bringen, was er erlebt. Das kann eine Ehe sehr bereichern, wenn der weniger kommunikative Partner in Therapie ist.

Rüstet aber ein redegewandter Partner in der Therapie weiter auf, kann das zu einer bedrohlichen Übermacht der Worte führen.

Der verbal unterlegene Partner muss sich unbeholfen fühlen, sich den besseren Argumenten fügen oder sich eine Strategie zurechtlegen, ernsthafte Gespräche zu vermeiden.

Den, der Neues und Wichtiges ausdrücken will, wird das tief enttäuschen: »Ich will ein echtes Gegenüber haben in der Ehe, mit dem ich mich austauschen kann.«

Außerdem gewinnen Menschen in der Therapie eine innere Stärke, die sie leicht unterschätzen. Denn einerseits erfahren sie in der therapeutischen Beziehung Verständnis und Rückhalt, andererseits werden sie ihrer Bedürfnisse und ihrer Lebensziele gewisser. Das weckt Mut zu Veränderungsschritten.

Dem Ehepartner, der nicht in Therapie ist, fehlen sowohl die innere Vorbereitung als auch der menschliche Rückhalt für weitreichende Veränderungen. Ob es um eine Änderung des Lebensstils geht, eine Korrektur in der Kindererziehung oder eine Neugestaltung des Beziehungslebens, ein überforderter Ehepartner wird erst einmal blockieren.

Möglicherweise spürt er eine Pistole auf der Brust: »Entweder gehst du einen neuen Weg mit, oder ich suche mir eben in Freundschaften und Hobbys das, was ich wirklich brauche.« Der überforderte Ehepartner bemerkt die zunehmende Entfremdung, kann sie aber weder einordnen noch ihr entgegenwirken.

Dienen – ein toter Winkel in der Psychotherapie

Der Gedanke des Dienens ist der heutigen Psychotherapie weitgehend fremd. Dabei dürfte er auch für moderne Ohren nicht abwegig klingen:

»Mit dem, was ich in einer Psychotherapie lerne, wächst mir eine Verantwortung zu. Wenn ich meine Bedürfnisse besser wahrnehmen kann, werde ich auch die meines Ehepartners besser spüren und kann auf sie eingehen. Wenn ich erfahren habe, wie viel Angst Veränderungsschritte machen und wie ich diese Angst überwinden kann, dann kann ich Geduld mit meinem Ehepartner haben und ihm über Hürden hinweghelfen. Wenn ich die Fehler meines Partners klarer sehe, muss ich ihn nicht kritisieren, sondern kann ihm stattdessen Brücken zu neuen Verhaltensweisen bauen.«

Ein solch dienender Einsatz von Therapiefortschritten müsste allerdings genauso geübt werden wie der gute Umgang mit der eigenen Person.

Aber genau das unterbleibt in vielen Therapien. Im schlimmsten Fall endet eine Therapie mit Selbstbezogenheit auf hohem kommunikativem Niveau. Das bringt die Liebe in Gefahr.

Durch Therapie die Ehe stärken

Das Wissen um die Risiken sollte natürlich nicht zu Berührungsängsten führen. Psychotherapie ist eine wichtige und hilfreiche Dienstleistung. Wer sie in Anspruch nimmt, kann jedoch darauf achten, dass eine Therapie die Ehe stärkt.

Ein klarer Auftrag: Der Respekt vor dem sogenannten »Auftrag« ist tief in der Berufsethik von Psychotherapeuten verankert. Der Therapieplan orientiert sich strikt an den Zielen, die ein Ratsuchender in der Therapie formuliert. Das schützt den Therapeuten vor der Anmaßung, sich nach eigenem Gutdünken in das Leben eines Ratsuchenden einzumischen.

Typische Therapieaufträge lauten: »Ich möchte meine Erschöpfung überwinden und wieder Kraft finden.« Oder: »Ich will mit dem Druck am Arbeitsplatz besser umgehen lernen.«

Mit dem Auftrag werden die Weichen einer Therapie gestellt, darum kann man hier auch schon von vornherein die Ehe in den

Blick nehmen: »Mit allem, was ich hier lerne, will ich weiter an einer starken Ehe bauen.«

Den Ehepartner ins Boot holen: Zwar bezahlt die Krankenkasse keine Ehetherapie, aber die Spielregeln einer kassenfinanzierten Therapie erlauben, den Ehepartner hin und wieder zum Gespräch mitzunehmen. Solche Paargespräche können den Ehepartner in den Therapieweg einbeziehen. Manche Veränderungen kann ein Partner aktiv unterstützen, andere müssen erläutert werden, weil sie den Partner herausfordern.

Wenn zum Beispiel eine harmoniebedürftige Persönlichkeit in einer Therapie lernt, Konflikte auszutragen, kann das die Kommunikation in einer Partnerschaft verändern. Manchmal braucht der betroffene Ehepartner Ermutigung und Tipps, wie er sich auf Veränderungen einstellen kann und wie er vielleicht sogar selbst einen Nutzen aus ihnen zieht.

Solche gemeinsamen Gespräche darf ein Paar natürlich auch selbst anregen, wenn sich einer in Therapie befindet. Manchmal brauchen Ratsuchende einen Schutzraum, in den der Ehepartner zunächst nicht hineinsehen und hineinreden darf. Spätestens nach 15 bis 20 Gesprächen sollte sich der Therapieprozess aber für den Ehepartner öffnen.

Gemeinsam gegen den Zeitgeist: In der Grundorientierung heutiger Psychotherapie drückt sich ein individualistischer Zeitgeist aus: »Sorgen Sie für sich. Achten Sie darauf, was Ihnen guttut. Wenn es Ihnen gut geht, dann können Sie auch für andere da sein. Nur wer sich selbst liebt, kann andere lieben.«

Meiner Beobachtung nach funktioniert das allerdings nicht. Eine Konzentration auf sich selbst erzeugt Empfindlichkeiten, die Beziehungen im Weg stehen.

Aus unseren jüdisch-christlichen Wurzeln entspringt eine Haltung, die meines Erachtens weiterführt. Der jüdische Religionsphilosoph Martin Buber drückt sie so aus: »Bei sich beginnen, aber nicht bei sich enden, von sich ausgehen, aber nicht auf sich abzielen, sich erfassen, aber nicht mit sich befassen.«

Das kann zu einem fesselnden Gesprächsthema für ein Paar werden: die Therapieerfahrungen von den individualistischen Wertevorgaben zu lösen und in die Werte der jüdisch-christlichen Tradition zu übersetzen.

Zum Beispiel so: Sibylle hat zu viele Opfer gebracht. Die Schlussfolgerung liegt nahe: »Jetzt bin ich dran. Jetzt müssen einmal die anderen zurückstehen.«

Aber auch ein anderer Blickwinkel ist möglich: Beide Partner haben sich verausgabt in den letzten zwanzig Jahren. Vielleicht können beide nun in etwas investieren, das zu mehr Glück führt. Vielleicht hilft einer dem anderen, sich vor Überforderung zu schützen.

Anregungen zum Gespräch

- In welchen Situationen fänden Sie es gut und angemessen, dass einer von Ihnen eine Therapie in Anspruch nimmt? (Viele entschließen sich zu diesem Schritt erst, wenn sie längere Zeit gelitten haben und wenn sich die Probleme schon vergrößert haben. Sie hätten es sich mit einem früheren Therapiebeginn leichter gemacht.)
- Woran könnten Sie erkennen, dass eine Psychotherapie zum »Egotrip« wird (»Ich muss jetzt mal für mich sorgen«)? Meist verstärken sich dann Tendenzen, die es ohnehin schon gab: eine Tendenz zum Rückzug oder zu einem dominanten Verhalten. Was könnte dies bei Ihnen sein?

- Kennen Sie jemanden in Ihrem Umfeld, der eine Therapie durchläuft oder durchlaufen hat? Wie hat sich das auf die Beziehung zu seinem Partner ausgewirkt?

Dass ein Partner eine Psychotherapie durchläuft und dies ungute Nebenwirkungen für die Beziehung hat, ist glücklicherweise eine Ausnahme. Viel häufiger tritt hingegen das Umgekehrte ein: Einer der Partner müsste sich längst Hilfe suchen, weil ein ungelöstes Problem immer mehr Macht gewinnt. Früher oder später belastet es auch die Liebe.

Das kann zum Beispiel dann geschehen, wenn Männer die Kontrolle über ihre Arbeit verlieren.

Der gefangene Mann – wenn die Arbeit Väter und Ehemänner fesselt

Er ist freundlich und gewinnend. Er begeistert sich schnell und setzt sich voll ein. Auch Ausdauer, Belastbarkeit und Verlässlichkeit gehören zu seinen Qualitäten.

Trotzdem erzählen Ehefrauen ihren Freundinnen mit einem Seufzen von ihm, manchmal auch mit Tränen in den Augen. Kleinkinder fremdeln und lassen die Mama nicht alleine weg, obwohl doch der Papa da ist. Schulkinder beklagen sich: »Du bist nie da!« Jugendliche behandeln ihn wie einen WG-Mitbewohner.

Der gefangene Mann hätte das Zeug zum perfekten Ehemann und Vater. Aber eine dunkle Macht zieht ihn immer wieder aus dem Haus, raubt ihm das Beste, was er zu geben hat, und entlässt ihn erst spätabends – müde und zerstreut – nach Hause.

Natürlich haben die Ehepartner schon oft über das Thema Arbeit gesprochen. Sie haben gestritten, Vorsätze gefasst und

Schlachtpläne geschmiedet. Sie haben kleine Siege über die Fremdbestimmung errungen, wie zum Beispiel ein völlig freies Wochenende.

Aber sobald das gemeinsame Bemühen nur ein wenig erlahmt, nimmt die Arbeit wieder zu. Und die Macht der Arbeit erweist sich als stärker als die Macht der Liebe.

Als ich meiner Familie beim Mittagessen erzähle, über welches Thema ich gerade ein Kapitel schreibe, verstehe ich das darauffolgende Gelächter nicht gleich. Ob sie als Betroffene etwas dazu schreiben soll, fragt meine Frau.

Nein, ich schreibe hier über die anderen, die richtig schweren Fälle.

Oder doch nicht? Bin ich etwa auch schon auf dem Weg zum gefangenen Mann? Komme ich in manchen Wochen dem Prototyp, den ich hier beschrieben habe, schon bedenklich nahe?

Auch wenn Sie noch nicht im Endstadium angelangt sind, kann es spannend sein, einmal das eigene Arbeitsverhalten und die Beweggründe dafür unter die Lupe zu nehmen.

Bevor Sie als Leserin nun entrüstet die Augenbrauen hochziehen, lassen Sie mich bitte erklären: Ich schreibe bei diesem Thema über Männer, weil es mir bei ihnen in der Praxis häufiger begegnet. Selbstverständlich kann auch Frauen die Arbeit gefangen nehmen; dies zeigt sich aber meist in anderen Formen und auch die Beweggründe sind andere.

Wenn Arbeit gefangen nimmt, hat das unterschiedliche Gründe. Vier davon stelle ich Ihnen im Folgenden genauer vor.

Warum Arbeit gefangen nimmt

Arbeit als Flow. Durch glückliche Fügungen in der beruflichen Biografie gelangen Menschen in ein Umfeld, in dem die Arbeit richtig

Spaß macht. Sie haben eine Aufgabe gefunden, die gut zu ihren Fähigkeiten und Neigungen passt. Die positiven Auswirkungen ihrer Arbeit spüren sie unmittelbar. Der Glücksforscher Mihaly Csikszentmihalyi hat die Erfahrung einer solchen Tätigkeit als Flow bezeichnet, als einen Energiefluss, der Glücksgefühle bereitet und in dem das Gefühl für Zeit verloren geht.

Doch hier liegt bereits das Problem: Flowworker vernachlässigen manchmal andere Lebensbereiche, einfach weil ihre Tätigkeit zu lockend ist. Da die Arbeit ihnen aber Freude und Energie schenkt, haben sie meist noch genug Kapazität, um sich den Bedürfnissen ihrer Familie ausreichend zuzuwenden, sodass es nicht zu Krisen kommt. Nur gelegentlich entsteht ein Teufelskreis, wenn sich Ehefrau und Kinder enttäuscht zurückziehen. Der Mann kann dann zu Hause weniger punkten und wendet sich erst recht der Arbeit zu, die ja mit Erfolgserlebnissen und schönen Erfahrungen lockt.

Arbeitssucht. Workaholics macht die Arbeit oft immer noch Spaß, aber sie verlieren völlig die Kontrolle darüber, in welchem Maß sie arbeiten. Und dies, obwohl es bereits Stoppsignale des eigenen Körpers und von nahestehenden Menschen gibt.

Betroffene haben sich schon fest vorgenommen, weniger zu arbeiten. Sie haben sich Fristen gesetzt, ab wann sie kürzertreten werden. Sie haben Regeln aufgestellt, wie zum Beispiel, nicht mehr am Wochenende zu arbeiten. Doch sobald die nächste Entscheidung ansteht, lassen sie sich wieder Zusatzaufgaben aufbürden oder übernehmen ein aufwendiges Projekt.

Dabei zwingt sie keiner dazu, so viel zu arbeiten. Vielmehr sind es die Erfolge, die Bestätigung, dankbare Worte und zufriedene Gesichter, die Arbeitssüchtigen einen Kick geben wie anderen Abhängigen der Alkohol, das Glücksspiel oder der Sex. Es gibt sogar Entzugserscheinungen wie Unruhe, Gereiztheit oder Stimmungstiefs, die zum Beispiel im Urlaub auftreten können.

Arbeit aus Pflichtgefühl. Diese Form der Überarbeitung findet sich häufig in sozialen Berufen: Ein Hausarzt hört sich nicht nur die Krankengeschichte, sondern allzu oft auch die Lebensgeschichte eines Patienten an. Er versucht mit einer Engelsgeduld, auch die unverschämtesten Patienten zufriedenzustellen. Dadurch brauchen pflichtbewusste Menschen die Zeit und Kraft auf, die nach der Arbeit eigentlich für die Familie da sein sollte.

Arbeit aus Zwang. Nicht immer kommt der Antrieb zur Arbeit von innen. Schneller, als man ahnt, finden sich Menschen in erpresserischen Situationen wieder, die zu einem Übermaß an Arbeit zwingen. Arbeitnehmern werden so viele Aufgaben zugewiesen, dass sie in der regulären Arbeitszeit unmöglich zu schaffen sind. Ganz gleich, welche Prioritäten man setzen würde, es würde immer ein Schaden am Unternehmen, am Kunden oder sogar an Schutzbefohlenen entstehen. Der Hinweis auf die Überforderung stößt bei Vorgesetzten auf taube Ohren. Manche Vorgesetzte schaffen auch ein Klima der Angst, indem sie Überstunden einfordern und mit Kündigungen und Abmahnungen drohen.

So unterschiedlich die vier Wege in die Überarbeitung sind, so ähnlich ist das letzte Stück der Strecke: eine aufzehrende Gebundenheit an die Arbeit. Ein Weg der Befreiung setzt bei den Ursachen an.

Die Freiheit zurückgewinnen

Wenn Sie die Kontrolle über Ihre Arbeit verloren haben, dann beginnt Ihr Weg zur Freiheit mit einem Bekenntnis, wie es die Anonymen Alkoholiker formuliert haben: »Wir gaben zu, dass wir dem Alkohol gegenüber machtlos sind und unser Leben nicht mehr meistern konnten.« Nur wäre hier »Arbeit« einzusetzen.

Als Erstes brauchen Sie Verbündete, die Ihnen helfen, sich aus der Gefangenschaft zu befreien. Alleine schaffen Sie es nicht. Ihre Familie wird Sie dabei unterstützen, sobald Sie Ihre Arbeit nicht mehr rechtfertigen. Geben Sie zu, dass Sie ein Problem haben und Hilfe brauchen.

Ihr derzeitiges Leben schafft so starke Anreize zum Arbeiten, dass Sie durch Willenskraft alleine nicht dagegen ankommen, ganz gleich, ob Sie von inneren oder äußeren Antreibern gesteuert werden. Jetzt sind viele kleine Entscheidungen nötig, die mit der Zeit die Kräfte verändern werden, die auf Sie einwirken:

Schaffen Sie wieder Qualitätszeiten für sich als Ehepaar und mit Ihren Kindern. Fangen Sie klein an, zur Not sehr klein. Zwingen Sie sich jedoch nicht aus Schuldgefühlen heraus zu Unternehmungen, die Ihnen selbst wenig Spaß machen. Sondern suchen Sie lieber Aktivitäten, die allen, auch Ihnen, Freude machen. So kommen Sie wieder auf den Geschmack: Es gibt Momente, die noch schöner sind als der größte Erfolg bei der Arbeit.

Falls Ihr Lebensstil Sie zu einem bestimmten Einkommen zwingt, führt Sie das in eine falsche Abhängigkeit gegenüber Ihrem Job und Ihren Vorgesetzten. Dann verzichten Sie doch mal eine Weile auf Konsum und teure Vergnügungen. Dadurch beweisen Sie sich, dass Sie zur Not auch mit einem geringeren Einkommen leben können, und gewinnen so Spielräume für berufliche Veränderungen.

Auch wenn natürlich niemand gerne spart, kosten die wesentlichen Dinge nur wenig: Liebe, Freundschaft, Musik, ein Picknick im Grünen, das Lachen beim gemeinsamen Spiel. Es tut wohl allen

Eltern besonders weh, wenn sie ihren Kindern die Skifreizeit, ein teures Handy oder Markenkleidung nicht ermöglichen können – und doch wird Materielles nur zu einem sehr kleinen Teil bestimmen, wie glücklich Ihr Kind ist und welche charakterliche Reife es erlangt.

Gehen Sie kleine, überschaubare Risiken ein, um Ihr Arbeitspensum abzubauen. Erklären Sie in Bezug auf nebensächliche Aufgaben, dass Sie sie einfach nicht mehr schaffen können. Lassen Sie diese liegen und stehen Sie dazu. Auf diese Weise testen Sie Ihr Arbeitsumfeld und Ihren Vorgesetzten. Treten die gefürchteten Katastrophen wirklich ein, droht man Ihnen mit Kündigung?

Aus meiner eigenen Erfahrung kann ich sagen: Wenn ich Überlastete therapeutisch begleite, staune ich oft, wie schnell sich ihre Kollegen, Kunden und Vorgesetzten daran gewöhnen, dass nicht mehr alles möglich ist.

Prüfen Sie berufliche Veränderungen. Es gibt sie wirklich: schädliche Jobs, die Arbeitnehmern ihre Gesundheit und ihre Lebensqualität rauben. Ich bin schon vielfach Zeuge davon geworden.

Vielleicht erlaubt es die Arbeitsmarktsituation oder Ihre spezielle Qualifikation nicht, sofort etwas anderes zu finden. Aber wenn Sie für mehrere Monate, oder zur Not Jahre, alle Möglichkeiten ausloten, wird eine Veränderung möglich werden, die Sie aufatmen lässt.

Vielleicht lesen Sie dieses Kapitel als betroffene Ehefrau und fragen sich, was Sie tun können. Meine Empfehlung lautet: Suchen Sie sich regelmäßig gute Gelegenheiten, um anzusprechen, wie es Ihnen mit der Situation geht. Drücken Sie alle Ihre Gefühle aus, und schildern Sie ohne Beschönigung, was es bedeutet, mit einem gefangenen Mann verheiratet zu sein und unter diesen Umständen ein Familienleben zu gestalten.

Dann aber schalten Sie auf Unterstützung um: Kritisieren Sie Ihren Mann nicht, wenn er wieder spät nach Hause kommt. Sondern schaffen Sie Freiräume für schöne Begegnungen, fädeln Sie ein harmonisches Zusammensein mit den Kindern ein. Machen Sie das Zuhause so erholsam und attraktiv wie möglich, wenn Ihre Kräfte dazu ausreichen.

Träumen Sie und nehmen Sie Ihren Mann in Ihre Träume mit hinein: Wie wäre es, wenn Ihr Mann sein Herzblut, sein Engagement und seine Gewissenhaftigkeit wieder in das gemeinsame Leben investieren würde? Hier kann eine lockende gemeinsame Vision entstehen, die Kraft für die notwendigen Schritte gibt.

Anregungen zum Gespräch

- Haben Sie einmal eine Phase durchlebt, wie sie in diesem Kapitel beschrieben ist? Was waren im Einzelnen die Folgen davon, dass die Arbeit zu viel wurde? Haben Sie es gemeinsam geschafft, wieder mehr Freiheit zurückzugewinnen?
- In diesem Kapitel ging es in erster Linie um Männer, die die Kontrolle über ihre Arbeit verloren haben. Wenn Frauen zu sehr in ihrer Arbeit aufgehen, sind die Gründe oft andere: ein Mitgefühl für andere, das zur Selbstaufopferung führt; ein übertriebenes Pflichtgefühl; eine Angst vor den Reaktionen anderer Menschen, die es schwer macht, Nein zu sagen. Hat Sie als Frau/hat Ihre Partnerin die Arbeit schon einmal gefangen genommen?
- Welche Strategien dieses Kapitels könnten Ihnen auch schon vorbeugend helfen, damit die Arbeit nicht ihr Maß verliert?

Zu viel Arbeit kann Ihren Garten der Liebe zerfressen wie ein Heer Raupen. Doch die Raupen sieht man wenigstens.

Es gibt aber auch Schädlinge, die klein sind und noch dazu nachtaktiv. Die sieht man nicht ohne Hilfsmittel oder Fachkenntnisse. Man erkennt lediglich am Zustand der Pflanzen, dass hier etwas nicht stimmt. Von einem solchen fast unsichtbaren Schädling handelt der nächste Abschnitt.

Starke Frauen, schlaffe Männer

Immer mehr Frauen leiden unter schwachen Männern. Die Männer bringen zwar im Beruf Stärke auf, zu Hause aber sind sie passiv und nachgiebig.

Stimmt etwas mit den Männern nicht? Oder liegt es an den Frauen, die ihren Partner entmannen?

Es kommt immer wieder vor, dass in einer Beziehung die Frau den Ton angibt. Wenn es etwas zu planen gibt, wendet man sich unwillkürlich an sie, nicht an ihren Mann. Zwar lässt sie ab und zu durchblicken, dass sie sich von ihm mehr Stärke wünschen würde. Doch als Außenstehender denkt man sich: »Gar nicht so leicht bei einer Frau, die so viel Power hat.«

Vielleicht haben Sie in Ihrem Bekanntenkreis ein Paar, bei dem sich eine etwas zu starke Frau und ein etwas zu lieber Mann gegenüberstehen. Vielleicht kennen Sie ein solches Muster auch aus Ihrer eigenen Beziehung.

Das Problem ist nicht, dass solch ein Paar gegen die gängigen Klischees verstößt, sondern dass die Beziehung oft darunter leidet. In meiner Praxis begegne ich immer mehr Menschen, deren Beziehung in eine erotische Sackgasse geraten ist: Er ist so passiv und fügsam geworden, dass sie als Frau nichts mehr für ihn empfinden kann.

Oder aber der Mann ist erotisch blockiert, weil seine Partnerin so bedrohlich stark geworden ist, geradezu eine Übermutter! Seine Liebe zu ihr scheint verloren gegangen zu sein und er fühlt sich stattdessen plötzlich zu mädchenhaften Frauen hingezogen.

Solch eine verhängnisvolle Entwicklung deutet sich oft schon zu Beginn der Beziehung an und nimmt dann ihren Weg in eine erotische Sackgasse. So haben es Andrea und Erik in ihrer Ehe erlebt. Wie es dazu kam, beschreiben sie allerdings ganz unterschiedlich.

Andrea sieht es so: »Ich habe Eriks Unabhängigkeit bewundert, die Art, wie er seinen Beruf ausübt und anderen Menschen begegnet. Einfach cool, aufrecht und so, dass man sich mit ihm sehen lassen kann. Doch irgendwann hat Erik immer öfter nachgegeben, wenn ich etwas wollte. Das brauche ich gar nicht. Ich will lieber ein Gegenüber, an dem ich mich reiben und mit dem ich mich auseinandersetzen kann. Jemand, der mir auch mal eine Grenze setzt, wenn ich zu viel will. Aber wenn es Streit gab, hat sich Erik gefügt oder zurückgezogen. So kann ich ihn allerdings nicht mehr attraktiv finden, so passiv und schwach. Er ist auch irgendwie unsicher geworden.«

Erik beurteilt die Entwicklung anders: »Schon von Anfang an hat Andrea mehr bestimmt in unserer Beziehung. Sie hat einfach mehr vorausgeplant, mehr verhandelt und für ihre Wünsche immer eine einleuchtende Begründung gehabt. Irgendwann fand ich es zu anstrengend, immer so viel Energie aufwenden zu müssen, um mich in einer Kleinigkeit durchzusetzen. Andrea hat auch höhere Ansprüche als ich.

Ich muss in meinem Beruf schon viel Disziplin aufbringen, da will ich nicht auch noch unser Privatleben durchorganisieren. Andreas Vorwurf, dass sie mich zu schwach findet, kam für mich ganz überraschend. An meinem Arbeitsplatz erreiche ich doch meine Ziele. Und meine Freunde halten mich bestimmt nicht für ein Weichei. Wie soll ich Andrea das Gefühl geben, dass ich stark und männlich bin? Zu Hause den Macho raushängen? In der Muckibude trainieren? Das wäre doch alles aufgesetzt.«

Erotische Sackgassen

In unterschiedlicher Weise kann eine Partnerschaft dahin führen, dass ein Mann immer weniger männlich und die Frau immer stärker erscheint:

Das Beziehungsthema Nähe. Der starken Frau fällt es schwer, Nähe zuzulassen. Am Anfang der Beziehung ging das natürlich, aber heute empfindet sie die Annäherung ihres Mannes als irgendwie unangenehm oder unpassend. Sie will auch gar nicht allzu viel Nähe, sondern sich lieber den Reiz bewahren, einander fremd zu werden und sich neu zu finden. Die Erfahrung, nicht anzukommen oder sogar abgewiesen zu werden, kann betroffene Männer jedoch verunsichern und ihnen das männliche Selbstbewusstsein rauben.

Das Beziehungsthema Erotik. Die starke Frau empfindet ihren Mann im Laufe der Jahre als immer weniger männlich. Oft liegt es an den Lebensumständen, dass ein Mann zu Hause erschöpft ist oder sich auf die Vaterrolle konzentriert. Den lieben Mann trifft die Kritik, nicht mehr männlich genug zu sein, natürlich ganz besonders. Deshalb versucht er herauszufinden, wie er seine Männlichkeit beweisen kann. Aber so wirkt er bald wie ein Junge, der es seiner Mutter recht machen will. Und das ist alles andere als sexy.

Das Beziehungsthema Einfluss. Die starke Frau bestimmt immer mehr in der Beziehung. Er denkt: »Ich werde immer passiver, weil du so viel bestimmst.« Sie denkt: »Ich muss so viel bestimmen, weil du so passiv bist.« So entsteht ein Teufelskreis, in dem die Enttäuschung bald stärker wird als die gegenseitige Anziehung.

Das Beziehungsthema Überlegenheit. Sie ist oft besser darin, ihre Gefühle auszudrücken, Beziehungen aufzubauen und sich von anderen Rückenstärkung zu holen. Starke Frauen sind darin oft besonders gut, vermissen es aber bei ihrem Mann. Sie wollen mit ihm über die Beziehung reden und wünschen sich, dass er noch andere Ansprechpartner hat als die Ehefrau.

Solche Erwartungen können einen Mann ganz hilflos machen. Wenn er sich jetzt zurückzieht, kommt er sich noch unzureichender vor. Je mehr er sich aber auf das Gebiet von Gefühlen und Beziehungen drängen lässt, desto stärker muss er seine Unterlegenheit spüren.

Wenn die starke Frau weniger bestimmend und fordernd wäre, würde sich die männliche Stärke nicht wieder von selbst entfalten? Wenn der Mann wieder Mann wäre, könnte die Frau sich dann nicht auch einmal anlehnen und ihm die Führung überlassen? Wer soll sich zuerst ändern?

Meine Meinung: der Mann. Denn erstens läge die Initiative sonst schon wieder bei der Frau. Zweitens ist es männlich, für die Liebe einen beschwerlichen Weg zu gehen. Drittens ist der Veränderungsweg für den Mann einfacher.

Um sich zu verändern, muss sich die starke Frau komplizierten Lebensthemen stellen: dass sie zwei gegensätzliche Männerbilder in sich trägt: ein idealisiertes, dem kein Mann gerecht werden kann, und ein enttäuschtes, das Männer schnell als verletzend und unzureichend wahrnimmt; dass sie männliche Stärke zwar ersehnt, aber auch fürchtet und manchmal sogar beneidet.

Männer dagegen können anpacken, was eigentlich naheliegt.

Unabhängigkeit

Für Männer gilt es, ihre Unabhängigkeit auszurufen, was sie auf dreierlei Weise befreit:

Was männlich ist, bestimme, ich! Männlichkeit darf sich nicht an den Gefühlen der Ehefrau festmachen, daran, ob sie ihren Mann gerade als männlich empfindet oder nicht. Vielleicht hat sie mehr erwartet, vielleicht ist ein Wunschbild zerbrochen. Aber schließlich hat sie vor der Heirat lange genug Zeit gehabt zu erleben, auf was für einen Typ Mann sie sich einlässt.

Viele wichtige Quellen von Männlichkeit liegen außerhalb der Partnerschaft: gute Männerfreundschaften, Männergemeinschaft im Sport, in der Gemeinde, unter Kollegen, das Erleben beruflicher Potenz, Väterlichkeit.

Wenn die Männlichkeit Wachstum braucht, dann auf diesen Feldern, nicht im Versuch, die weiblichen Wünsche nach Männlichkeit zu erfüllen. Das wäre auch paradox, denn Männlichkeit ist ja gerade das andere, das die Frau nicht kennt, ein Geheimnis, in das sie nicht eindringen kann.

„Entmannendes» Verhalten stoppe ich! Dominiert werden und als Mann abgewiesen werden macht jeden Mann irgendwann klein. Das darf ein Mann nicht zulassen.

Er wahrt eine Grenze durch beständige Konfrontation: »Jetzt bin ich schon zum dritten Mal abgeblitzt, als ich mich dir zärtlich nähern wollte. Das geht doch nicht. Wenn ich dir in anderen Situationen oder auf andere Art und Weise leichter nahekommen kann, dann sag es bitte. Aber wenn du dich regelmäßig als Frau verschließt, tut das unserer Ehe nicht gut, und dann muss sich bei dir etwas bewegen.«

»Es macht mich mürbe, wenn wir bei kleinen Entscheidungen so lange und so zäh verhandeln. Bei den kleinen Dingen kann mal der eine, mal der andere entscheiden.«

Entmannendes Verhalten muss also immer wieder kurz und freundlich thematisiert werden: »Das geht so nicht! Das tut uns nicht gut.«

Wenn ein Mann schon sehr verunsichert ist, kann der Rat anderer Männer helfen: Was ist ein angemessenes Nachgeben und was ein Sich-dominieren-Lassen? Was ist ein angemessener Freiraum, auf den ein Mann Rücksicht nimmt, und wo beginnt weibliche Verschlossenheit?

Ich kämpfe mit offenem Herzen. Starke Frauen sehnen sich nach einem Mann, mit dem sie sich auseinandersetzen können. In wichtigen Fragen darf er sich nicht entziehen, auch wenn er noch so entmutigt oder harmoniebedürftig ist. Familienplanung, der Einsatz von Zeit und Geld, wichtige Beziehungen und das soziale Engagement – dazu muss ein Mann Stellung beziehen und dafür kämpfen, dass sich auch seine Wünsche und Visionen in der Beziehung verwirklichen.

Auch wenn die Frau vielleicht besser argumentieren kann, kann er trotzdem Position beziehen oder sich Bedenkzeit nehmen, um in der Stille oder in einem Gespräch mit einem Freund Klarheit zu finden. Wichtige Fragen müssen auch nicht sofort entschieden werden, sie können über Wochen bewegt werden, bis sich eine Lösung bietet, in der sich beide wiederfinden können.

Noch wichtiger als die Lösung selbst ist einer starken Frau oft, zu erleben, dass ein Mann ihrer Stärke standhält, spürbar ist, bei ihr bleibt und dadurch etwas Gemeinsames entsteht.

Beziehungsneuland entdecken

Was geschieht mit Paaren, die einen Weg aus der Sackgasse suchen?

Die starke Frau wird verletzlicher. Sie spürt bald, wie irritierbar sie in ihrer erotischen Erlebnisfähigkeit ist und wie tief manche Beziehungsängste gehen.

Das ist nicht angenehm, aber es befreit die Beziehung: Stärke und Schwäche verteilen sich neu, dem Mann öffnen sich neue Möglichkeiten, Stärke zu zeigen und Halt zu geben. Die Sexualität gewinnt neue Spielräume.

Sexualität ist ja nicht nur die Antwort einer Frau auf einen umwerfend männlichen Mann oder die eines Mannes auf eine umwerfend weibliche Frau. Sondern der Sex lebt auch vom Kuschelfaktor, von der lustvollen Körpererfahrung, von der Möglichkeit, sich für einige Momente sehr nahezukommen.

Schließlich entdecken Männer eine neue Unabhängigkeit. Bisher hat ihre Unabhängigkeit auf Rückzug beruht, jetzt lernen sie, sich abzugrenzen und zu streiten, und machen dabei nicht die schlechteste Figur.

Am Ende stehen Paare, die nach außen ein ungewöhnlich starkes Team sind, sich nach innen aber Verletzlichkeit zugestehen. Sie erleben wieder die aufregende und doch bergende Liebe, die sie aus der Zeit des Verliebtseins kennen.

Anregungen zum Gespräch

- Hat sich eines der folgenden »entmannenden« Beziehungsmuster schon einmal bei Ihnen gezeigt: Sie übernimmt viel Verantwortung, und er rutscht in die Rolle des kleinen Jungen, der es recht machen will (oder auch mal trotzig ausbricht); sie ist sicherer, was Gefühle und Worte angeht, und verunsichert ihn mit ihren Erwartungen; sie wünscht sich einen starken, unabhängigen Mann, der zugleich sensibel und verständnisvoll ist – das gibt ihm das Gefühl, einem Männerideal entsprechen zu müssen, das kaum zu erreichen ist. Tauschen Sie sich aus, wie sich jeder in solchen Situationen fühlt.

- Welches Paar in Ihrem Umfeld lebt das Mann-Frau-Verhältnis in einer Weise, die für Sie attraktiv ist? Erklären Sie einander Ihre Einschätzung. Könnte das zur Anregung für Ihre gemeinsame Entwicklung werden?
- Wie können Sie Ihre Beziehung vor der gesellschaftlichen Falle schützen, dass Männer durch übertriebene und widersprüchliche Erwartungen verunsichert werden und in die Position unsicherer Jungen geraten?

Quellen erschließen

Ob es in einem Garten wächst und blüht, liegt auch an der Bewässerung. Wer sich an gute Quellen angeschlossen hat, dem ermöglichen sie ein ungeahntes Wachstum. Im Garten der Liebe fließen Sinn und das Wissen, in der eigenen Bestimmung zu leben oder ihr zumindest näherzukommen.

Kein Partner kann jedoch für den anderen eine spirituelle Quelle sein. Sondern ein Paar muss sie woanders finden.

Wenn Sie im christlichen Glauben verwurzelt sind, dann fehlt Ihnen in diesem Buch vielleicht eine Anleitung zum gemeinsamen Gebet, zum Bibellesen, zu Familienandachten oder Ähnlichem. Doch dafür gibt es von theologischer Seite gute Anregungen.

In den folgenden Abschnitten werden Sie vielmehr entdecken, wie Sie Ihr Glaubensleben so ausrichten können, dass es immer mehr zu einer Quelle für Ihre Liebe wird. Eine Checkliste hilft Ihnen bei der Bestandsaufnahme:

Checkliste »Quellen erschließen«

Glücksquelle Geld

Meine Eltern haben ihre Liebe durch Spendieren oder Schenken ausgedrückt. ☐ Ja ☐ Nein

Manchmal haben mich meine Eltern mit materiellen Dingen abgespeist, obwohl ich mir Zeit und Aufmerksamkeit gwünscht hätte. ☐ Ja ☐ Nein

Mit kleinen Geschenken kannst du mir eine große Freude machen. ☐ Ja ☐ Nein

Ich finde, Geld ist am besten in schöne Erlebnisse investiert. ☐ Ja ☐ Nein

Mit unserem Geld bauen wir am besten etwas auf, das noch Jahre Bestand hat. ☐ Ja ☐ Nein

Mich macht es glücklich, wenn wir unser Geld mit Menschen teilen, die weniger haben als wir. ☐ Ja ☐ Nein

Glücksquelle Lebensträume

Manchmal bin ich traurig, dass ich nicht mehr von dem verwirklicht habe, wovon ich früher geträumt habe. ☐ Ja ☐ Nein

Du hast mir geholfen, manche Lebensträume zu verwirklichen. ☐ Ja ☐ Nein

Ich habe noch unverwirklichte Lebensträume, die ich loslassen und um die ich vielleicht auch trauern muss. ☐ Ja ☐ Nein

Ich habe noch einen Lebenstraum, den ich gerne verwirklichen würde. ☐ Ja ☐ Nein

Glücksquelle Persönlichkeitsentwicklung

Deine Stärken haben mir schon geholfen, meine Gaben zu entfalten. ☐ Ja ☐ Nein

Auch deine Schwächen haben mich herausgefordert, als Persönlichkeit zu wachsen. ☐ Ja ☐ Nein

Manchmal werde ich noch wütend oder ziehe mich zurück, statt die Herausforderung anzunehmen, die du mit deiner Persönlichkeit in mein Leben bringst. ☐ Ja ☐ Nein

Ich kann in der Art und Weise, wie du bist und wie du gerne lebst, einen Fingerzeig von Gott erkennen. ☐ Ja ☐ Nein

Glücksquelle Berufung

»Berufung« ist ein so großes Wort, dass es mich eher entmutigt. ☐ Ja ☐ Nein

Manchmal denke ich, ich hätte besser einer ganz großen Lebensberufung folgen sollen (als Missionar ins Ausland gehen, einer Lebensgemeinschaft beitreten, ein Hilfswerk gründen ...). ☐ Ja ☐ Nein

Ich kann auch in unserem Alltag eine Berufung spüren und den Platz ausfüllen, an dem mich Gott vermutlich haben will. ☐ Ja ☐ Nein

Verwandle Geld in Glück

Glück kann sich keiner kaufen. Doch ein kluger Einsatz von Geld kann das Glück steigern.

Geld ist ein emotionales Thema. Das muss es sein. Denn die Liebe unserer Eltern hat sich auch materiell ausgedrückt. Sie haben uns beschenkt und uns Erlebnisse spendiert. Gerade wenn Geld nicht im Überfluss da ist, drückt Großzügigkeit aus: »Du bist es mir wert.« Knausern dagegen lässt an der Liebe zweifeln.

Doch natürlich kann Geld auch einen schalen Beigeschmack bekommen: Manche Kinder haben materielle Zuwendung als Ersatz für Liebe erlebt. Dabei hätten sie auf manche Geschenke lieber verzichtet und dafür Zeit mit ihren Eltern verbracht.

In jedem Fall lässt uns Geld nicht kalt. Sobald wir selbst welches verdienen, erhält es noch einmal eine ganz neue Bedeutung: Unser Einkommen verkörpert unsere Zeit und Anstrengung, aber auch manchen Frust, manche Kränkung und manche Ungerechtigkeit, die wir ertragen, um unseren Job zu behalten.

So steckt im verdienten Geld ein Stück Leben, das wir dafür verbraucht haben. Das geben wir nicht leichtfertig her. Also können wir mit Geld durchaus Liebe ausdrücken, weil ja ein Teil von uns selbst darin steckt.

Ob beide Partner nun tatsächlich für ihre Arbeit bezahlt werden oder ob nur einer von ihnen erwerbstätig ist, muss dabei keine Rolle spielen. Natürlich kann auch derjenige, der bei den Kindern zu Hause bleibt, das Familieneinkommen als Lohn für seine Mühe betrachten. Zum Glück sehen das die meisten Paare heute so.

Einige Männer jedoch halten ihren Job für härter oder wichtiger als die Leistung ihrer Frau zu Hause. Sie geben ihr dann das Gefühl, sie habe mit dem Einkommen nichts zu tun und dürfe weniger bestimmen, wie das Geld eingesetzt wird.

Wenn sich eine solche Sichtweise durchsetzt, kann ein Paar kein starkes Team in Sachen Geld werden. Die Frau wird immer das Gefühl haben, dass ihre Arbeit zu Hause zu wenig gewürdigt wird. Dadurch kann sie sich auch mit der Arbeit ihres Mannes weniger identifizieren. Zu »seinem« Einkommen wird sie automatisch ein zwiespältiges Verhältnis haben.

Der Mann dagegen wird sich auf dem Podest alleine fühlen, das er selbst bestiegen hat: Mal ist er Gönner, mal Tyrann und beides fühlt sich nicht gut an. Alleinverdiener kommen daher wesentlich weiter, wenn sie das Einkommen als Ergebnis einer Teamarbeit sehen.

Nicht zuletzt ist das Einkommen schon deshalb ein emotionales Thema, weil Geld viele Möglichkeiten eröffnet. Wir können Geld gegen vieles eintauschen.

»Wo dein Schatz ist, da ist dein Herz«, sagte Jesus, als er über den Umgang mit Geld sprach. Unsere Gefühle folgen unserem Geld. Wir lieben nämlich genau das, wofür wir unser Geld ausgeben. Wir entwickeln eine emotionale Bindung dazu.

Verwandle Geld in Liebe!

Geld bietet sogar die Möglichkeit, dass wir es in Liebe verwandeln, indem wir unserem Partner zum Beispiel ein schönes Geschenk machen.

Manchmal ist das gar nicht so leicht. Denn Menschen sind unterschiedlich. Manche mögen's praktisch und nützlich, andere lieber persönlich und nett verpackt, manche wünschen sich große, teure Geschenke, andere hätten es gerne preiswert. Die folgenden Typen bringen Sie vielleicht auf gute Ideen:

Da ist zunächst der »Zeig mir deine Liebe!«-Typ. Menschen dieses Typs sehnen sich nach den kleinen Aufmerksamkeiten, die sie die Liebe des Partners spüren lassen: eine Blume, ein überraschendes Mitbringsel von einem Einkauf, eine Postkarte mit lieben Worten. Hier geht es vor allem um kleine, liebevolle Ideen, weniger um große Investitionen.

Die erfordert allerdings der »Beweise mir dass ich dir etwas wert bin!«-Typ. Ein verschwenderischer Einsatz von Geld ist für manche Menschen ein notwendiger Liebesbeweis, auch wenn sie dies nie ausdrücklich einfordern würden. In ihren Augen muss ein besonderes Geschenk unvernünftig sein und deutlich über das hinausgehen, was man sich eigentlich leisten kann. Denn so viel gibt man nur für den Menschen aus, den man liebt. Auch wenn das nur zwei- oder dreimal im Leben geschieht, überstrahlt die Erinnerung an verschwenderische Geschenke viele Jahre.

Für den Schnäppchen-Typ wäre das allerdings eine Horrorvorstellung. Dem Sparsamen muss man ein gutes Gewissen gleich mitschenken: tadellose B-Ware, Unbenutztes aus zweiter Hand, Schnäppchen aus dem Schluss-und Fabrikverkauf. Schenkende sind dabei eher Jäger als Sammler: Sie sind auf der Pirsch, lauern lange auf den günstigen Moment, um die Beute als Erster zu erlegen. Sparsamen hilft es manchmal auch, wenn das Geschenk nützlich ist.

Damit stehen sie dem Arbeitsmittel-Typ nahe. Menschen dieser Prägung lieben, was ihre Arbeit schöner und effektiver macht: eine hochwertige Schreibmappe, ein durchdachtes Kalendersystem, eine Diktiersoftware.

Die größte Herausforderung ist vielleicht der »Versteh mich ohne Worte«-Typ. Liebe heißt hier, die Wünsche des anderen zu erahnen. Schon wer dem Partner einen verlorenen oder beschädigten Gegenstand ersetzt, zeigt diese liebevolle Aufmerksamkeit. Darüber hinaus gibt es jene gelösten Momente, in denen der andere laut denkt und seine Herzenswünsche offenbart. Doch mancher Wunsch wird nicht spruchreif, weil er sich noch nicht gegen Einwände und die Anforderungen des Alltags durchgesetzt hat. Wenn der Partner dann einen unausgesprochenen Wunsch erfüllt, schenkt er gleichzeitig auch das tiefe Gefühl, verstanden zu werden.

Verwandle Geld in Erlebnisse!

Aus der Glücksforschung wissen wir: Erlebnisse machen in der Regel glücklicher als Besitz. Viele schöne Erlebnisse kosten nichts, zum Beispiel ein Picknick im Park.

Oft erfordern Erlebnisse aber eine kleine Investition: die Benzinkosten für einen Ausflug, Kino-, Konzert- oder Theaterkarten,

Eintrittspreise in Vergnügungsparks oder Museen, der Preis eines Frühstücks im Café.

Verliebte investieren hier ganz selbstverständlich, selbst wenn sie in Ausbildung oder Studium mit ihrem Geld haushalten müssen. Verheiratete sparen dagegen häufig an diesem Punkt, obwohl ihr Einkommen inzwischen mehr Spielraum gewährt. Der Nest- oder Hausbau kann Paaren das Gefühl geben, sie müssten ihr Geld für etwas Dauerhaftes anlegen. Mit dem, was ein Tagesausflug kostet, ließen sich beispielsweise endlich die Vorhänge ersetzen, die man aus der alten Wohnung mitgebracht hat und die nur als Provisorium gedacht waren.

Doch vergleichende Rechnungen lähmen. Es ist sinnvoller, wenn jeder Bereich ein eigenes Budget erhält – sowohl der Nestbau als auch die gemeinsamen Unternehmungen. Denn auch wenn ein Erlebnis schnell vorüber ist, so ist seine Wirkung alles andere als flüchtig.

Machen Sie den Test: Denken Sie an Ihre Kindheit. Was haben Sie lebendiger in Erinnerung: schöne Erlebnisse oder das Spielzeug? Schöne Erlebnisse verbinden und tragen so zum gemeinsamen Glück bei.

Verwandle Geld in Sinn!

Auch Nächstenliebe und soziales Engagement stärken die Liebe. Dieser Zusammenhang ist durch paarpsychologische Studien belegt. Ein Paar, das Geld mit anderen Menschen teilt, macht eine gemeinsame Sinnerfahrung. Solche Erfahrungen haben ein hohes Glückspotenzial.

Allerdings ist es mit gutem Willen allein nicht getan. Denn die Welt sozialen Engagements ist voller Ernüchterungen:

Wenn einer wenig Geld hat, heißt das noch nicht, dass er auch klug mit finanzieller Unterstützung umgehen kann. Wer begeistern kann, Projekte anstößt und Geld einwirbt, muss nicht unbedingt die Kompetenz mitbringen, anderen nachhaltig zu helfen. Auch in Kirchen paaren sich leider manchmal Einsatzfreude und Naivität.

Eine hundertprozentige Sicherheit, dass unser Geld sinnvoll eingesetzt wird, gibt es natürlich nirgends, auch beim Helfen nicht. Aber soziale Projekte sollten wir trotzdem mit der gleichen Sorgfalt prüfen, mit der wir auch andere Investitionen bedenken. Andernfalls wirken Frusterfahrungen auf die Paarbeziehung zurück, besonders, wenn sich ein begeisterungsfähiger und ein kritischer Partner gegenüberstehen.

Folgende Leitlinien machen gute Erfahrungen wahrscheinlicher:

Im privaten Umfeld finanziell auszuhelfen, ist meist problematisch, weil sich die persönliche Beziehung und die Beziehung von Gebenden und Empfangenden in komplizierter Weise überlagern. Dies sollte man darum sehr genau prüfen. Wenn man nämlich Bekannten mit Geld aushilft und diese in den nächsten Jahren nicht sehr bedacht mit ihrem Geld umgehen, wird man sich ärgern.

Bei sozialen Projekten sollten die Verantwortlichen über die Erfahrung und Kompetenz verfügen, die gespendeten Mittel wirkungsvoll einzusetzen. Projektverantwortliche sollten auf keinen Fall ein Idealbild von Hilfeempfängern zeichnen. Auch bei Bedürftigen ist natürlich mit menschlicher Schwäche zu rechnen, in Einzelfällen sogar mit Täuschung und Missbrauch von Hilfe.

Wo sich Einsatzbereitschaft mit Kompetenz und Realismus verbindet, wird man daher am ehesten die Früchte finanzieller Investitionen aufwachsen sehen.

Unter den vielen Nöten anderer Menschen gibt es einige, die uns besonders berühren: Krankheit, Einsamkeit, Sinnleere, Armut, Gewalt, Chancenlosigkeit, Ungerechtigkeit, Ausgrenzung oder Unfreiheit. Was uns von alledem zu Herzen geht, hat mit unserer individuellen Lebensgeschichte zu tun. Wenn Partner hier Übereinstimmungen entdecken, sind Sinnerfahrungen möglich, die sie enger zusammenschweißen.

Geld zu teilen, stoppt außerdem den Vergleich mit denen, die mehr haben als wir selbst. Es macht uns dankbar für das, was wir haben. Es schenkt eine gemeinsame Liebe für andere und ist daher mit dem Glück der Elternschaft vergleichbar.

Wo Sie sparen können

Wer Geld in Glück verwandeln kann, ist auch in der Lage, auf Unnötiges zu verzichten. Viele Ausgaben beruhen nämlich auf falschen Annahmen, die uns die Werbung vermittelt hat. Andere resultieren aus einer Endlosspirale: Wir erleben zu wenig Glück in unserem Alltag oder sind zu gestresst, um es zu genießen. Dann greifen wir zu Ersatzbefriedigungen. In den folgenden Bereichen gibt es jedoch für uns alle ein großes Einsparpotenzial:

Gesundheit. In der westlichen Gesellschaft bedeutet gesunde Ernährung vor allem, ungesunde Dinge *nicht* zu essen. Die wenigen Produkte, die wir für unsere Gesundheit brauchen, kosten nicht viel: frisches Obst und Gemüse aus der Region, Öle, ein wenig Fisch und ein paar wenige Lebensmittel mehr. Die vielen anderen Gesundheitsprodukte setzen den Aberglauben unaufgeklärter Käufer voraus.

Bevor Sie an die Kasse gehen, sortieren Sie die Dinge in Ihrem Einkaufswagen einmal in drei Kategorien: notwendige Lebensmittel, Produkte, die Ihnen wirklich Freude machen, und Ersatzbefriedigungen. Produkte der letzten Kategorie werden vermutlich einen ansehnlichen Haufen ausmachen.

Praktische Helfer. Auch hier ist ein Teufelskreis wirksam: Wir packen unser Leben so voll, dass wir in Zeitnot geraten. Daraus sollen uns nun praktische Küchenhelfer, Maschinen und Spezialwerkzeuge befreien, indem sie uns Zeit sparen helfen. Wer sein Leben nicht überfrachtet, kann jedoch auf den Maschinenpark verzichten. Gelassene Menschen kommen, wenn es sein muss, tatsächlich ohne Ananasschäler und Autostaubsauger aus.

Unterhaltungselektronik. Spielkonsolen, HD-Fernseher, Filmstreaming, viele Anwendungen auf dem Smartphone und Tablet tragen wenig zum Glück bei. Natürlich macht das alles Spaß, aber zum Lebens- und Liebesglück verhelfen diese Dinge den wenigsten. Sie gehören eher in den Bereich der Ersatzbefriedigung, weil sie häufig einen Alltag ausgleichen sollen, der hektisch und frustrierend ist.

Sich hübsch machen und sich attraktiv fühlen. Beides ist eine Investition wert. Oft geht es aber gar nicht um Attraktivität, sondern um die Angst davor, wie man in den Augen anderer dastehen könnte. Um gut auszusehen, braucht man nur wenige Paar Schuhe; um den Anforderungen sämtlicher Modegurus zu entsprechen, sind allerdings auch zwanzig Paar noch zu wenig. Man wird immer einen Grund finden, weshalb man genau dieses besondere Kleidungsstück oder jenes Paar Schuhe noch unbedingt haben muss. Der Abschied von der Makellosigkeit sowie von der Abhängigkeit vom Urteil anderer Menschen macht manche Kleidungsstücke entbehrlich.

Wir leben in einer Gesellschaft, die ihre Konsumgewohnheiten nicht an der Glücksforschung orientiert und schon gar nicht an der Paarpsychologie. Daher werden wir manche Zugeständnisse machen, um uns nicht zu isolieren.

Trotzdem gibt es viele Möglichkeiten zu sparen. Dann bleibt genug Geld übrig, das wir in Glück verwandeln können.

Anregungen zum Gespräch

- Welche Rolle hat Geld in Ihrer Herkunftsfamilie gespielt? Welche Enttäuschungen, welche Glücksmomente haben Sie mit Geld erlebt?
- Führen Sie ein Gedankenexperiment durch: Sie bekommen (jeder einzeln) 1000 Euro geschenkt, die Sie morgen vollständig ausgeben müssen. Was machen Sie damit? Notieren Sie sich Ihre Ausgaben auf den Euro genau. Was sagt das über Ihre Art und Weise, Geld in Glück zu verwandeln?
- Unsere Überflussgesellschaft übt einen starken Einfluss auf uns aus. Gibt es Dinge, auf die Sie verzichten könnten, ohne weniger glücklich zu sein? Und wäre dann (noch) mehr Geld da für das, was Ihnen wirklich etwas bedeutet?

An finanziellen Weichenstellungen kann man manchmal ablesen, welche Ziele und Träume ein Paar verfolgt. Der Wunsch nach finanzieller Sicherheit hat manche Paare jedoch schon daran gehindert, ihre Lebensträume zu verwirklichen.

Lebensträumen auf der Spur

Sie schlummern in uns und erwachen; sie kribbeln im Bauch und erfüllen unsere Brust: Lebensträume, die eine beglückende Zukunft versprechen.

In der Ehe treffen unterschiedliche Lebensträume aufeinander und kämpfen um ihr Recht. Gleichzeitig werden sie mit den Sachzwängen konfrontiert, die Beruf und Verantwortung mit sich bringen. Früher oder später steht ein Paar deshalb vor einer Entscheidung.

Träumen ist gefährlich

Ein Leben im Ausland oder in der Traumregion, eine berufliche Selbstständigkeit, umweltbewusst leben oder Jesus radikal nachfolgen – Lebensträume haben eines gemeinsam: Sie sprengen oft den Rahmen einer bürgerlichen Existenz. Sie brechen aus dem Weg aus, der durch Herkunft und Ausbildung vorgezeichnet scheint.

Ihre Umsetzung macht uns herrlich lebendig und lässt uns reifen, weil wir Zeit und Kraft auf ein Ziel ausrichten müssen. Und weil wir loslassen lernen, was nicht zu unserem Traum gehört.

Guido träumt von einer eigenen Anwaltskanzlei. Und Beatrix träumt gerne mit. Sie freut sich über Guidos Erfolg. Sein Vater war Setzer in einer Druckerei und oft arbeitslos. Beatrix spürt Guidos Stärke und stellt sich vor, wie er später für die Rechte anderer Menschen kämpfen wird.

Beatrix arbeitet als Steuerfachkraft und finanziert die Wohnung, während Guido studiert. Sie hält ihm zu Hause den Rücken frei. Inzwischen sind Kinder da und mit ihnen fallen viele Freiräume weg.

Was ist mit der Rucksacktour durch die Toskana, die Beatrix ihrer Freundin schon lange versprochen hat? Auch ihre Fortbildung muss Beatrix verschieben.

Nachdem Guido sein Studium abgeschlossen hat, wird es nicht leichter. Wenn er abends um acht Uhr aus der Kanzlei zurückkommt, ist Beatrix am Ende. Ein bitteres Gefühl steigt in ihr auf.

Viele fühlen sich am Anfang ihrer Ehe frei und beweglich. Man übersieht leicht, wie schnell sich Freiheiten einschränken, wenn man sich beruflich etabliert, Kinder bekommt oder eine Wohnung kauft. Wo man sich anfangs gerne in den Traum des Partners investiert, kann man später an die Grenzen der eigenen Kräfte kommen.

Damit das auf Dauer gut geht, muss der Traum des anderen zutiefst der eigene werden, und man muss an dessen Früchten beteiligt sein. Andernfalls sollte der Traum des anderen in einem größeren, gemeinsamen Traum aufgehen.

Aber was, wenn die Lebensweichen schon gestellt sind und offenbar nichts mehr zu ändern ist? Dann braucht es viele Gespräche, bis sich eine Perspektive öffnet. Dann gilt es, verpasste Chancen zu verschmerzen, einen neuen Traum zu träumen, vielleicht sogar Erreichtes aufzugeben und noch einmal neu zu beginnen.

Wenn ein Traum stirbt

Oder doch mit dem Träumen aufhören? Lieber nicht. Denn wenn ein Paar einen Traum sterben lässt, kann es genauso in eine Sackgasse geraten wie ein Paar, das sich an einem Traum übernimmt.

Seit Heike als Schülerin in der Theater-AG gespielt hat, träumt sie von der Schauspielerei. Ein wenig Schauspielunterricht nehmen und eine Laiengruppe gründen – das wäre toll. Aber irgendetwas hat Heike immer gehindert, ihrem Traum nachzugehen: Zweifel an ihrem Talent, besonders aber die vielen anderen Anforderungen des Lebens.

Schließlich kam alles, wie es eben kam, und heute hat Heike eine Vorzeigefamilie: zwei pfiffige, lebendige Kinder, ein offenes Haus, wo Menschen gerne vorbeikommen. Heike und ihr Mann leiten die Jugendarbeit in ihrer Gemeinde. Heike weiß, dass sie beneidet wird um ihre tolle Familie, um ihre Ausstrahlung und ihr Engagement.

Und doch fühlt sie sich schlecht dabei: »Ich funktioniere nur noch, wie eine Maschine.« Eines Tages verliebt sie sich in einen Bekannten. Nein, es ist nichts passiert, aber sie kriegt diesen Mann einfach nicht mehr aus dem Kopf: Einer, der oft ins Theater geht, der die TV-Schauspieler kennt und sie so wunderbar nachmachen kann.

Einen Traum zu missachten, macht depressiv und anfällig für Ersatzbefriedigungen. Schon deshalb lohnt es sich, einen Traum ernst zu nehmen und ihn so lange reifen zu lassen, bis sich beide Partner in ihm wiederfinden.

Dann beginnt ein gemeinsamer Weg, der vor allem eines macht: angreifbar.

Träumen macht angreifbar

Jutta studiert Pharmazie. Noch während der letzten Prüfungen lernt sie Holger kennen. Jutta und Holger entscheiden sich bald für Kinder und Jutta sieht ihren Platz zu Hause – obwohl sie mehr verdienen könnte als Holger, der Physiotherapeut ist.

Juttas Freundin kann es nicht fassen, dass Jutta auf Hausfrau und Mutter macht. Auch Juttas Eltern schlucken, schließlich haben sie das Studium finanziert. Statt wenigstens stundenweise zu arbeiten, schließt sich Jutta mit Freundinnen zu einer Band zusammen. Die Rollenverteilung von Jutta und Holger wirft Fragen auf. Ihr Verzicht auf Geld und Status fällt auch auf die Kinder zurück, zum Beispiel wenn es um Markenkleidung, Handys und Urlaub geht.

Schließlich finden Jutta und Holger ihre Traumstellen, sogar beim gleichen Arbeitgeber, einer orthopädischen Rehaklinik. Holger ist dort als Physiotherapeut angestellt und Jutta in der Öffentlichkeitsarbeit, wo sie auch Konzerte organisiert und selbst geben darf. Jetzt zeigt sich der Sinn der früheren Weichenstellungen. Wer will, sieht jetzt das erfüllte Leben, das sich Jutta und Holger erschlossen haben. Und wer die beiden näher kennt, sieht auch, wie gut ihr Lebensentwurf zu ihnen passt.

Wer ein Wagnis eingeht, muss sich getragen wissen. Wie tief mein Vertrauen in Gottes Fürsorge ist, zeigt sich bei einem Schritt ins Ungewisse. Gottes Fürsorge offenbart sich, manchmal spät, manchmal anders als erwartet, aber oft überwältigend großzügig.

Vieles wird leichter, wenn sich ein Lebenstraum mit einer Berufung verknüpft, also wenn ich das Gefühl habe, mit der Verwirklichung eines Lebenstraumes auch anderen viel geben zu können und ein Leben zu führen, das Gott Freude macht.

Dann werde ich Ausdauer haben, einen Verzicht ertragen und Entscheidungen treffen können, die nicht von jedem verstanden werden.

Anregungen zum Gespräch

- Welche Lebensträume hatten Sie als Jugendliche und junge Erwachsene? Was haben Sie umgesetzt? Welche Träume mussten Sie loslassen?
- Gibt es unerfüllte Lebensträume, die Sie verwirklichen könnten, wenn Sie es beide nur wirklich wollten?
- Welches Paar, das Sie kennen, hat seine Lebensträume wohl am konsequentesten verwirklicht? Gibt es etwas, das Sie von diesem Paar lernen können?

Wenn sich Lebensträume verwirklichen, dann drückt sich im äußeren Leben aus, was einem innerlich sehr wichtig ist. Doch auch Ihr inneres Leben selbst ist eine Glücksquelle und kann sich entfalten. Manchmal gibt die Persönlichkeit Ihres Partners dafür die entscheidenden Anstöße.

Der Partner – ein Wink vom Himmel

Sie möchten gerne an Persönlichkeit gewinnen und Ihre Stärken ausbauen? Ihr Ehepartner kann Ihnen dabei eine große Hilfe sein, auch wenn es sich manchmal ganz anders anfühlt.

Christen sind überzeugt davon, dass ihr Leben einen Sinn hat. Sie glauben an die gütige Vorhersehung und Führung Gottes. Sie erbitten Wegweisung von Gott.

Aber wie wird das konkret? Wie formt mich Gott zu dem Menschen, den er aus mir machen will? Wie zeigt er mir, was ich anpacken soll?

Eine naheliegende Antwort findet man zuweilen so wenig wie die Brille, die bereits auf der Nase sitzt: Warum nicht den Ehepartner als einen Wink vom Himmel verstehen? An seinen Stärken muss ich reifen, an seinen Schwächen mich bewähren, wenn das gemeinsame Leben gelingen soll.

Wie die Herausforderungen in der Ehe zu einem Glaubensweg werden können, sollen zwei Ehegeschichten zeigen:

Die Glaubensreise zur Stärke

Max ist in einer friedfertigen Familie aufgewachsen, die Konflikte nicht offen ausgetragen hat.

Ganz anders bei Dorothees Familie: Dort fliegen heute noch die Fetzen, sogar wenn es bei einer Familienfeier einmal Unstimmigkeiten gibt. Danach versöhnt man sich, und alles ist wieder gut, aber Max macht das Angst. Gegenüber Dorothee gibt er oft nach.

Zu oft, wie er allmählich merkt, denn er empfindet immer mehr Groll auf Dorothee. Warum muss sie selbst bei Kleinigkeiten so kämpfen?

Max merkt, wie er Dorothee manchmal auflaufen lässt. Er vergisst Dinge, die ihr wichtig sind, er entzieht sich da, wo es Dorothee am meisten trifft. Dieses Verhalten kennt Max eigentlich nur gegenüber unliebsamen Chefs. Jetzt begegnet es ihm in der Ehe.

Aber könnte Dorothees Prägung für ihn auch ein Wink vom Himmel sein? So kann man es durchaus sehen. Denn Gott ruft die Menschen in der Bibel immer wieder dazu auf, stark zu sein (zum Beispiel in Josua 1,9: »Sei mutig und stark …«). Jede Gemeinschaft braucht Menschen, die unbequeme Wahrheiten aussprechen, die Schwache schützen und Böse nicht gewähren lassen. Es braucht Persönlichkeiten, die ihre Furcht abgelegt haben und aus Überzeugung handeln, auch wenn andere dadurch zornig werden, mit Liebesentzug drohen oder ihnen ein schlechtes Gewissen machen wollen.

Wie kommt man dahin? Stärke fällt nicht vom Himmel, sondern sie ist das Ergebnis einer Charakterformung. Sie baut sich vor allem in Konflikten auf: in der Erfahrung, mit fairen Mitteln zum Ziel zu kommen, sich vor unfairen Angriffen schützen zu können und eine Niederlage zu verschmerzen. Aber auch in der Erfahrung, um Vergebung bitten zu dürfen, wenn man einmal selbst zu unfairen Mitteln gegriffen hat.

Max hätte sich eine solche Herausforderung selbst nicht gesucht. Doch wenn er sich ihr stellt, kann er seine Ehe aus der Sackgasse herausmanövrieren. Außerdem betritt er einen Weg, der zu charakterlicher und spiritueller Reife führt.

Ob ein solcher Weg auch zu positiven Glaubenserfahrungen führt, hängt vor allem vom Glaubensstil eines Menschen ab.

Der passive Glaubensstil sagt: »Ich mache gar nichts und vertraue darauf, dass Gott mein Problem löst.« Die Lebenserfahrung zeigt jedoch, dass es so nicht funktioniert. Gott verweigert sich offenbar einer Beziehung, die dem Verhältnis eines Säuglings zu seiner Mutter entspricht.

Aber Glaubende können auch auf der anderen Seite vom Pferd fallen: »Hilf dir selbst, dann hilft dir Gott«, lautet das Motto von denen, die nur sehr abstrakt mit Gottes Hilfe rechnen und sich an den Herausforderungen abarbeiten, als ob alles von der eigenen Leistung abhinge.

Religionspsychologische Studien zeigen (und sie scheinen den biblischen Befund zu bestätigen): Nur der kooperative Glaubensstil führt zu seelischem Wohlbefinden und positiven Glaubenserfahrungen: »Ich gehe es im Teamwork an: Ich leiste meinen Beitrag, lasse dann aber los und vertraue darauf, dass Gott das schenkt, was ich nicht leisten kann.«

Für das Thema Konflikte könnte das bedeuten: Vor einem wichtigen Gespräch bitte ich Gott, meine Motive und meine Mittel zu prüfen, mir gegebenenfalls korrigierende Gedanken zu schenken und mich auf Aspekte aufmerksam zu machen, die ich vielleicht übersehen habe. Aber dann streife ich Selbstzweifel und Ängste ab, gehe vertrauensvoll in die Auseinandersetzung und schlage mich, so gut ich es eben kann. In dieser Haltung lässt sich einüben, was Stärke in der Ehe bedeutet:

- Nein sagen, wenn ich Nein meine, aber dabei dialogbereit bleiben: »So nicht«, »Noch nicht«, »Vorher müsste für mich folgende Voraussetzung erfüllt sein …«.
- Meine eigenen Prägungen und Neigungen ernst nehmen und dafür einstehen, dass sie sich etwa zur Hälfte in unserem gemeinsamen Leben verwirklichen.
- Den Schwächen meines Partners Grenzen setzen, zum Beispiel so: »Wenn du versuchst, mich zu überreden, und auch bei kleinen Dingen lange verhandelst, dann fühle ich mich unter Druck

gesetzt. Das möchte ich nicht. Das tut auch unserer Beziehung nicht gut.«

Die Stärke, die Max in seiner Ehe aufbaut, macht ihn auch in anderen Lebensbereichen stärker. Womöglich wird er in einer wichtigen Situation ein Mensch sein, der sich für das Gute einsetzt, auch wenn er dadurch jemanden gegen sich aufbringt.

Die Glaubensreise zur Barmherzigkeit

Sophia wirkt unnahbar. Zu allem scheint sie eine souveräne Distanz zu haben. Selbst ihr Mann Fred fühlt sich von ihr auf Abstand gehalten.

Manchmal zieht sich Fred zurück, wenn er bei Sophia nicht ankommt. Bei anderen Gelegenheiten versucht er wiederum, die abweisenden Signale forsch zu ignorieren, und wirkt dann wie ein Trampel auf Sophia. Sie würde sich einen Mann wünschen, an dem sie sich so lange reiben darf, bis Nähe entsteht, und der sie einmal aus ihrem Elfenbeinturm holt.

Was würde geschehen, wenn Sophia diese schwierige Situation als Wink vom Himmel betrachten würde?

Dann würde sie sich erinnern, dass im Zentrum des christlichen Glaubens das Liebesgebot steht: Es fordert uns dazu auf, bis zum Leichtsinn zu lieben – in einer Weise, die den Selbstschutz manchmal preisgibt und darauf vertraut, von Gott geschützt zu werden.

Und Sophia würde vielleicht das für sie noch Schwierigere entdecken: die Aufforderung, sich selbst lieben zu lassen, auch wenn das bedeutet, sich abhängig und verwundbar zu machen.

Warum rückt der Glaube die Liebe wohl so ins Zentrum? Aus psychologischer Sicht könnte man antworten: Weil ungeliebte Menschen zu Gier neigen, zu depressiver Abkehr vom Leben, zu Ersatzbefriedigungen oder dazu, sich Menschen gefügig zu machen. So lassen sich viele gesellschaftliche Übel auf einen Liebesmangel zurückführen.

Daher braucht es Menschen, die sich Liebesquellen erschlossen haben. Denn diese können angesichts von Verteilungskämpfen gelassen bleiben. Sie können verzeihen. Sie können sich, wo nötig, auch einmal verletzenden oder demütigenden Erfahrungen aussetzen, weil sie andernorts wiederaufgebaut werden.

Wer sich selbst einmal der eigenen Verletzlichkeit und den eigenen Ängsten geöffnet hat, sieht auch seine Umwelt anders. Er sieht in unguten Verhaltensweisen anderer vor allem ihren Wunsch, sich zu schützen. Er kann Kreisläufe von Misstrauen und Verschlossenheit unterbrechen, indem er selbst den ersten Schritt macht. Er kann anderen einen Vertrauensvorschuss gewähren.

Das alles sind große Tugenden, die sich nur im Kleinen lernen lassen.

Wenn sich Sophia dazu herausfordern lässt, wird sie Fred endlich zeigen, wie verletzlich sie ist und wie viel Angst ihr Nähe macht. Sie wird sich ihm in kleinen Schritten anvertrauen und darf dabei von Fred ein Entgegenkommen, aber keine Perfektion erwarten. Gleichzeitig wird sie auch lernen, zu ihren Grenzen zu stehen, zum Beispiel dazu, dass sie in manchen Situationen unbedingt eine gewisse Distanz braucht. Aber dann wird sie sagen können: »Ich öffne mich wieder, sobald es geht.«

In alledem wird sie hoffentlich spüren, dass Gott ihr in angstvollen Momenten nahe ist. Und sie wird merken, dass Gott ihr einen Mann geschenkt hat, dessen Liebe und Persönlichkeit ihr guttun.

Ihre alten Fähigkeiten gehen Sophia dabei natürlich nicht verloren. Eine Frau wie sie, die durch ihre souveräne Distanz den

Durchblick hat und zwischendurch zu einer barmherzigen Nähe findet, wird bedeutsame Spuren im Leben anderer Menschen hinterlassen.

Den Wink verstehen und sich aufmachen

Andere Situationen fordern zu anderen Aufbrüchen heraus:

- Wer mit einem Partner zusammen ist, der sich in einer wichtigen Sache nicht beeinflussen lässt, wandert auf dem schmalen Grat zwischen Resignieren und Erzwingen. Dabei lernt er vor allem Geduld.
- Vielleicht geht es auch um eine Glaubensreise zur Verantwortung: Wer sich von seinem Partner im Stich gelassen fühlt, kann lernen, die Last des Lebens zu schultern und zugleich sich selbst tragen zu lassen.
- Die Glaubensreise zur Kreativität befreit von Enge-Gefühlen und setzt dem Anpassungsdruck eine schöpferische Kraft entgegen. Diese Reise befreit Menschen, die unter hohen Erwartungen ihres Partners leiden.

In vielen Fällen ist ein Reiseführer hilfreich: ein Mensch, der so etwas wie eine geistliche Kompetenz einbringt; jemand, der spürt, was dran ist, der eine schwierige Situation vom Glauben her deutet und auf neuen Wegen Orientierung gibt. Das können Pfarrer oder Pastoren, Seelsorger oder auch Leiter von Kleingruppen in Kirchengemeinden sein.

Aber vielleicht liegt auch ohne Hilfe schon alles bereit, was es zum Aufbruch braucht. In diesem Fall setzen sich gute Gespräche, Anstöße aus Büchern und die eigene Lebenserfahrung zu einem Plan zusammen, der die Richtung weist.

Auf einem Glaubensweg zu reifen und die charakterformende Führung Gottes zu erleben, lohnt sich. Ein solcher Aufbruch wird das Leben wesentlicher, fruchtbarer und freier machen.

Anregungen zum Gespräch

- Vor welche Herausforderungen stellt Sie die Persönlichkeit Ihres Partners? Wo haben Sie diese bereits angenommen und sind daran gewachsen? Zu welchen Entwicklungen fordert Sie die Persönlichkeit Ihres Partners heraus?
- Wenn Sie in der Persönlichkeit Ihres Partners einen Wink vom Himmel sehen, auf welchen Weg möchte Gott Sie wohl führen? Was sollen Sie wohl lernen? Welche Ihrer Gaben könnten sich dabei entfalten?

Im Einklang mit dem eigenen Wesen und der eigenen Bestimmung leben, das gehört zu den größten Glücksquellen im Leben von Menschen. Manchmal fühlt man sich durch die Liebesbeziehung dazu befreit, manchmal aber auch genau dadurch eingeengt.

Zu diesem Thema gehört auch die Frage nach der persönlichen Berufung – ein großes Wort, das manche überfordert und anderen das Gefühl vermittelt, ihr Alltag sei weniger wert, weil sie vielleicht die große Berufung verpasst haben.

Berufung – auch das noch!

Zu all den vielen Herausforderungen des Familienlebens suchen manche Paare noch eine weitere: eine gemeinsame Vision.

Das Thema boomt. Es gibt kaum einen christlichen Verlag, in dem nicht ein Buch über Berufung erschienen wäre. Viele Seminare und Kongresse laden ein, die eigene Berufung zu entdecken. Auf zahlreichen Kanälen erreicht uns die Botschaft: »Verschlafen Sie Ihr Leben nicht! Finden Sie den einmaligen Plan, den Gott für Ihr Leben hat. Leben Sie im Einklang mit Ihren Gaben und Talenten!«

Das kann auch Ehepaare nicht ungerührt lassen. Träumt nicht jedes Paar davon, einem gemeinsamen Ziel, einem gemeinsamen Auftrag nachzujagen?

Die meisten Paare sind allerdings mehr als ausgelastet damit, die Herausforderungen zu bewältigen, die ihnen der Alltag stellt. Sollen sie jetzt die Latte noch höher legen, um gemeinsam die Welt ein wenig besser zu machen und mit Gott zu neuen Ufern aufzubrechen? Das klingt nach einem vorgezeichneten Burn-out.

Oft genügt jedoch ein Perspektivwechsel, um zu entdecken: Wir stehen längst in unserer Berufung und können in ihr wachsen.

Die Schattenseiten der Berufung

Ich habe schon einige Menschen begleitet, deren Eltern einer großen Berufung gefolgt sind: als Missionare in armen Ländern, als Leiter von Behinderteneinrichtungen, als Pfarrer oder Chefärzte.

Hinter der großen Berufung musste das Familienleben zurückstehen, besonders die Fürsorge für die eigenen Kinder. Sie sollten ihre eigenen Bedürfnisse zurückstellen, und manche von ihnen sollten sich sogar selbst den bedürftigen Menschen zuwenden, denen die Aufmerksamkeit der Eltern galt. Dabei wurden sie emotional vernachlässigt und überfordert von Eltern, die sich einer guten Sache verschrieben hatten: eine verstörende Erfahrung, die noch lange in das Leben der erwachsenen Kinder hineinwirkt.

Aber nicht nur die Kinder sind betroffen, sondern der Einsatz für eine gute Sache kann auch Nebenwirkungen für die Ehe haben:

Beatrix hat als Anwältin Karriere gemacht, Heiner ist beim Sozialamt angestellt. Sie arbeitet viel, während ihm sein Beruf mehr freie Zeit lässt, die er bisher in das Haus und in die Familie investiert hat. Nur, dass er so wenig von Beatrix hat, das hat Heiner immer enttäuscht.

Dann hat er jedoch die Entdeckung seines Lebens gemacht. Alles hat mit einem Seminar für Familienaufstellungen begonnen, in dem Heiner seiner Herkunft nachgespürt hat. Dabei hat er Feuer gefangen für die Familientherapie und sich für eine berufsbegleitende Ausbildung entschieden. Inzwischen hat er seine Stelle reduziert und arbeitet nebenher in einer familientherapeutischen Praxis mit.

Heiner schwärmt von der Supervisorin, die seine ersten Familientherapien überwacht, einer 60-jährigen Frau, die unglaublich warmherzig und weise ist. Begeistert erzählt er von dem, was sich in Familien tut, wie sich Liebe erneuert und wie Kinder von familiären Lasten befreit werden.

Heiner hat seine Berufung gefunden, doch Beatrix droht mit Trennung: »Ich sehe keine Zukunft mehr für uns. Du brauchst mich doch nicht mehr. Du führst einfach dein eigenes Leben.« Tatsächlich geht Heiner mit seiner Berufung fremd. Enttäuscht von Beatrix, schenkt er seine ganze Leidenschaft der neuen Lebensaufgabe.

Große und kleine Berufungsgeschichten

Natürlich gibt es auch Paare, die eine verwegene Berufung leben und trotzdem glückliche Kinder haben. Das »Dschungelkind« Sabine Kuegler berichtet im gleichnamigen Bestseller von einer glücklichen Kindheit in Westpapua. Und es gibt selbstverständlich auch große Berufungen, die eine Beziehung bereichern, wie die des Ärzteehepaares John, das gemeinsam ein Krankenhaus in den Anden aufgebaut hat.

Aber es gibt eben auch viele, die sich in der Familienphase an einer allzu schweren Aufgabe verheben. Andere messen ihr Leben an großen Lebensentwürfen und kommen sich dann unzureichend vor.

Vielleicht sind wir zu sehr gefesselt von den spektakulären Berufungsgeschichten, die sich ungefähr so abspielen: Ein Mensch fühlt sich von einer Not berührt und spürt darin vielleicht auch ein Reden Gottes:»Hilf! Setz dich dort ein.«

Schon ist eine Vision geboren, sei es eine soziale, kreative, erzieherische, politische oder geistige Berufung. Der Berufene entfaltet seine Gaben. Durch langjährige und konzentrierte Hingabe an seine Berufung erreicht er schließlich Außergewöhnliches.

Albert Schweitzer, Mutter Teresa, Bill Gates – Menschen wie sie haben außergewöhnliche Berufungen gelebt. Ihre Geschichten rühren uns an, sie lassen uns unser Potenzial erahnen und motivieren uns zum Guten.

Zugleich können sie uns jedoch auch blind machen für die kleinen, eher unspektakulären Berufungsgeschichten, die ganz anders verlaufen:

- Eine Familie ist einem Jungen aus schwierigen Verhältnissen zur Ersatzfamilie geworden, in der er immer willkommen ist.
- Eine Frau hört ihrer Nachbarin zu, die in der Ehekrise steckt, bis das Schlimmste überstanden ist und sich doch ein gemeinsamer Weg findet.
- Ein älterer Nachbar wird von der Hausgemeinschaft mitgetragen, sodass er noch lange mit Würde selbstständig leben kann.

Die kleinen Berufungsgeschichten sind nicht so schön komponiert wie die großen, sie ergeben kein stimmiges Ganzes, sondern eher einen Flickenteppich aus liebevollen Investitionen. Sie erfordern oft Alltägliches – das, was jeder kann und trotzdem kaum einer tut: ohne Vorurteil zuhören, Zeit verschenken, andere entlasten und freisetzen.

Doch der Blick für das Kleine macht einen Perspektivwechsel möglich: Es muss gar nichts Neues sein, was über den Familienalltag hinausgeht. Sondern mittendrin lassen sich Lebensaufgaben finden, die eine Antwort auf unser Bedürfnis nach Sinn und Engagement sind.

Drei Punkte scheinen mir für die gemeinsame Sinnsuche besonders ertragreich zu sein: an Widrigkeiten zu reifen, als Familie zu wachsen und die Bedürfnisse im Umfeld wahrzunehmen.

Reifen an Widrigkeiten

Nächtliche Albträume, aufgeschlagene Knie, Pannen bei familiären Absprachen, der aussichtslose Kampf um Ordnung – der Familienalltag ist durchwoben von Unterbrechungen und Schwierigkeiten. Darin liegt jedoch die Chance, ein gelassener und heiterer Mensch zu werden.

Viele christliche Traditionen sehen hier den besten Weg zur persönlichen Reife: täglich die Widrigkeiten des Lebens annehmen, die Schwächen der Mitmenschen ertragen.

Dieser Weg schleift unsere Eitelkeiten ab, die sich nur mit dem zeigen wollen, was gelingt und vorangeht. Er verzehrt unsere Anspruchshaltung, mit der wir vom Leben erwarten, dass es sich nach unseren Bedürfnissen richtet. Und er vertreibt die Überheblichkeit, die aus eigener Kraft alle Probleme vermeiden und beseitigen will.

Unsere Leistungsgesellschaft braucht Menschen, die angesichts von Problemen gelassen bleiben, die Widerständen mit Vertrauen begegnen und ihre Ziele lieber etwas langsamer verfolgen, als andere unter Druck zu setzen. Eine so gereifte Persönlichkeit schafft nicht nur in ihrer Familie ein positives Klima, sondern strahlt auch darüber hinaus Gutes ab.

Wachstum als Familie

Die Familie lässt sich als Garten sehen, in dem gepflanzt, gepflegt und geerntet wird. Das Prinzip von Saat und Ernte hat die psychologische Forschung vielfach bestätigt: Kinder, die einfühlsam behandelt werden, können sich selbst gut in andere einfühlen. Kinder, denen zugehört wird, können sich gut ausdrücken, aber auch anderen zuhören. Partner, die viel miteinander reden, sind glücklicher und leistungsfähiger.

In jeder Familie gedeiht Unterschiedliches: Eine prägt ihre Kinder durch Familienandachten. Später werden diese Kinder vielleicht Worte finden, um die Oma zu trösten, die an der Schwelle zum Tod steht. Sie werden vielleicht Antennen für Gottes Gegenwart entwickeln. Andere Kinder werden begabte Tüftler, weil sie viele Stunden in der Werkstatt ihres Vaters verbringen durften.

Wenn man in Generationen denkt und berücksichtigt, dass Gutes weiter Kreise zieht, ist die Familie sicher kein schlechtes Investment. Wo anders wäre eine höhere Rendite zu erzielen für all die Zeit, das Geld und die Fähigkeiten, die ein Paar einbringen kann?

Bedürfnisse im Umfeld wahrnehmen

Im Gleichnis Jesu vom barmherzigen Samariter hilft nur dieser – die wichtigen Persönlichkeiten eilen ohne Ausnahme vorbei. Ihre Lebensaufgabe lässt ihnen keine Zeit für den Bedürftigen.

Amerikanische Sozialpsychologen haben das Gleichnis im Experiment nachgestellt: Unter einem Vorwand mussten Versuchspersonen einen Weg auf dem Campus zurücklegen. Dort lag ein

Mann und stöhnte vernehmlich. Doch viele gingen einfach an ihm vorbei. Besonders, wenn man sie zur Eile antrieb, bot fast keine der Versuchspersonen Hilfe an. Schließlich waren sie in wichtiger Mission unterwegs.

Familien sind stark vernetzt, sie sind verbunden mit ihrer Verwandtschaft, den Nachbarn und Kollegen. Über die Kinder entstehen weitere Kontakte. In diesem großen Netzwerk gibt es viele Menschen, die Unterstützung, Gemeinschaft, Rat oder ein offenes Ohr benötigen.

Natürlich hat man als Familie nicht auf jede Not eine passende Antwort und manche verschließen sich sogar gegenüber tatkräftigem Beistand. Manchmal ist es aber auch schon die halbe Miete, wenn wir einen guten Weg finden, unsere Hilfe anzubieten. Auch hier können sich Partner gegenseitig ergänzen und gemeinsam mögliche Problemlösungen entwickeln.

Sich in Schwierigkeiten zu einem gelassenen, heiteren Menschen formen zu lassen, täglich in das Familienleben zu investieren, sich Bedürfnissen im nächsten Umfeld zu widmen – das sind kleine Berufungsgeschichten, die Familien durchaus leben können.

Und wenn doch einmal ein Ruf zu Größerem laut wird? Dann wird ein Paar umso besser auf ihn antworten können, je mehr es sich in kleinen Berufungen bewährt hat.

Anregungen zum Gespräch

- Welche Gefühle löst das Wort »Berufung« bei Ihnen aus? Mit welchen Erfahrungen verbinden Sie es?
- Jemand hat Berufung so definiert: »Der Ort, an dem deine größte Leidenschaft auf die Not der Welt trifft.« Wo treffen sich Ihre Gaben und das, was Ihnen Freude macht, mit den Bedürfnissen in Ihrem Umfeld?

- Könnte es so etwas wie eine gemeinsame Berufung für Sie und Ihren Ehepartner geben? Oder können Sie sich gegenseitig in Ihrer Berufung stärken und freisetzen?
- Wie könnten Sie Berufung so verstehen, dass Ihr Alltag dadurch nicht abgewertet wird, sondern zu einem Ort wird, an dem Sie eine (kleine) Berufung leben?

Glücklich durch alle Jahreszeiten

Nun haben Sie viele Anregungen gelesen, wie Sie Ihren Garten der Liebe pflegen und genießen können.

Ich hoffe natürlich, dass die unterschiedlichen Kapitel Ihre Neugier darauf geweckt haben, was Sie noch alles in Ihrem Garten entdecken und kultivieren werden. Und ich hoffe, dass Sie etwas von der gelassenen Motivation eines Gärtners spüren, der Tag für Tag etwas verschönert und dabei innerlich zur Ruhe kommt.

Ein letztes Kapitel lässt Ihre Lektüre ausklingen. Es fasst viele Impulse der vorigen Kapitel aus einer Perspektive zusammen, die Sie vielleicht überrascht: Es soll Sie auf die unterschiedlichen Zeiten der Liebe vorbereiten, die Paare im Laufe ihrer Beziehung erleben.

Die Jahreszeiten der Liebe

»Die fünf Sprachen der Liebe« – mit diesem genialen Bild hat der amerikanische Pastor und Eheberater Gary Chapman Millionen von Menschen die Augen geöffnet: Liebe versteht jeder anders und drückt sie in seiner eigenen Liebessprache aus.

Chapman hat aber auch noch einen anderen, weniger bekannten Vergleich ausgearbeitet: die Jahreszeiten der Liebe. Dieses Konzept möchte ich Ihnen in diesem Kapitel vorstellen und es durch eigene Gedanken ergänzen.

Der Wechsel der Jahreszeiten bestimmt unser Leben. Jede Jahreszeit hat ihren Reiz, aber nicht jede ist gleich angenehm. Gerne würden wir erst den Frühling festhalten, dann den Sommer. Dagegen würden wir den Winter lieber an manchen Tagen verkürzen. Doch die Jahreszeiten kommen und gehen in ihrem eigenen Rhythmus und wir können sie nur akzeptieren und so schön wie möglich gestalten.

Der Frühling

Im Frühling der Liebe herrschen Freude, Zärtlichkeit und Übermut. Überall bricht Neues auf. Paare staunen. Sie lassen sich die Düfte des Lebens durch die Nase strömen. Frühling bedeutet: genießen und sich leicht fühlen.

Natürlich gibt es auch Probleme, aber die sehen wir als Herausforderung, die wir gemeinsam meistern können.

Die erste Zeit des Verliebtseins ordnen wir ganz automatisch dem Frühling zu. Doch auch in den darauffolgenden Jahren erleben wir Phasen, die Frühlingsgefühle in uns wecken können: vielleicht, wenn sich tiefe Paar-zu-Paar-Freundschaften bilden, im beglückenden Umgang mit einem Säugling oder wenn wir gemeinsam ein Wagnis eingehen und zum Beispiel eine Zeit im Ausland leben.

Frühlingspaare dürfen ihr Glück genießen. Ab und zu sollten sie allerdings daran denken, dass es auch andere Jahreszeiten gibt: den Sommer, dessen Glück aus dem besteht, was man gemeinsam aufgebaut hat; den Herbst, dessen Stürme ein Paar heftig schütteln können; und den Winter, in dem sich die Liebe abkühlt und man sich unverstanden und allein fühlt. Glücklicherweise kann man im Frühling schon für die drei übrigen Jahreszeiten vorsorgen.

Schöpferische Liebe für den Sommer. Frühlingsmomente kann man nicht herbeizwingen, sondern sie ereignen sich fast wie von selbst: Leidenschaft, der Zauber romantischer Momente, Situationen, in denen wir uns selbst damit überraschen, wie offen und unkonventionell wir reagieren.

Das ruhige, gelassene Glück des Sommers dagegen ist der Ertrag dessen, was wir aus unserer Beziehung gemacht haben. Wo wir eine Gesprächs- und Konfliktkultur aufgebaut haben, tut uns dies wohl, wenn wir einmal über eine Sache streiten müssen. Wo wir trotz unserer Unterschiedlichkeit gemeinsame Interessen kultiviert haben, werden schöne Erlebnisse bald zu einer Gewohnheit, die keine Kraft mehr kostet, sondern Kräfte freisetzt. Wo wir im Zusammenleben, in der Kindererziehung oder im Ehrenamt etwas gesät und gepflegt haben, können wir später die Früchte genießen.

Was uns im Sommer der Liebe beglückt, hat oft im Frühling seinen Anfang genommen.

Vertrauen für den Herbst. Sie werden wahrscheinlich irgendwann kommen: die Momente, in denen wir das Verhalten des anderen nicht mehr verstehen, in denen wir an uns und unserer Beziehung zweifeln oder sogar meinen, der andere zeige jetzt erst sein wahres Gesicht. Aussprachen werden es noch schlimmer machen; auch unsere Versuche, etwas zu ändern, werden nicht fruchten.

In dieser Zeit hilft nur eines: aus einem Vertrauen leben, das sich im Frühling aufgebaut hat. Nehmen Sie es tief in Ihr Herz hinein, dass Ihr Partner Sie liebt, dass er sich die Liebe zu Ihnen etwas kosten lässt und es zutiefst gut mit Ihnen meint.

Ein Kaminzimmer für den Winter. Was braucht die Liebe, wenn es einmal kühler wird? Zumindest *einen* Raum, in dem es behaglich warm ist. Den kann man sich im Frühling bauen.

Die sexuelle Begegnung kann so ein Kaminzimmer sein. »Versöhnungssex« klingt eher negativ. Aber manche Partner finden so wieder zusammen, wenn Worte alles nur noch schlimmer machen. »Wenigstens das klappt noch«, hat schon mancher bei mir in der Praxis gesagt – und es klang bitter. Doch dann hebe ich immer hervor, wie wertvoll es ist, in frostigen Zeiten einen solchen warmen Ort zu haben.

Andere Paare finden im Gespräch ihr Kaminzimmer. Sie haben eine ausgereifte Gesprächskultur und werden sich darüber einig, dass sie uneinig sind. Sie stellen sich damit gewissermaßen neben ihre Beziehung, betrachten ihr Problem und verständigen sich darüber wie zwei Außenstehende. »Metakommunikation« heißt das in der Fachsprache.

Dadurch wird das Problem zwar noch nicht gelöst, man findet aber im Austausch darüber zusammen. Das verhindert, dass ein ungelöstes Problem trennende Auswirkungen hat und das Miteinander infrage stellt.

Wieder andere Paare arbeiten so gut zusammen, dass ihnen dies auch in Phasen nicht verloren geht, in denen die Liebe einmal abkühlt. Die Erfahrung, sich gegenseitig zu ergänzen, und die gemeinsamen Erfolge bleiben ein Zeichen der Liebe, auch wenn es mit den Gefühlen einmal Probleme gibt.

Anders als in der Natur kann ein Paar auch gleich vom Frühling in den Herbst geraten. Aber meist liegt noch ein Sommer vor uns, wenn die Bäume schon verblüht sind.

Der Sommer

Auch der Sommer ist eine Zeit des Glücks. Er ist nicht mehr ganz so aufregend und so leidenschaftlich wie der Frühling. Dafür bringt er ein entspanntes Glück, das Zeit hat, in jede Faser des Körpers und der Seele zu dringen. Der Sommer lässt Paare in einem Wohlbefinden ruhen, das in tausend guten Begegnungen gewachsen ist. Er vermittelt eine Zufriedenheit: »So ist es wunderschön. So darf es gerne bleiben.«

Frühlingsgefühle entzünden sich zwischen den Liebenden selbst – sie ereignen sich, wenn einer den anderen mit seiner Person, seinen Gedanken und liebevollen Verhaltensweisen berührt.

Das Glück des Sommers dagegen hat seine Quelle in dem, was die Partner gemeinsam geschaffen haben: ein Morgenritual, mit dem sie einen freien Tag begrüßen, gemeinsame Lieblingsessen, ein Abendgebet oder die Wohnung, in der sich die Kreativität beider zusammengefunden hat.

Während Frühlingsgefühle eher dem Reiz des Neuen folgen, besteht der Sommer in der wohligen Wiederholung.

Die warme Jahreszeit setzt am meisten Kräfte frei für den gemeinsamen Einsatz. Denn zum einen ist das Paar nicht mehr mit sich selbst beschäftigt – die beiden Partner sind miteinander verbunden und können sich verschenken. Zum anderen ist das ruhige, tiefe Glück des Sommers eine Kraftquelle.

Im Sommer planen Paare die großen Projekte ihres Lebens und packen sie an: Sie ziehen Kinder auf, sie bauen ein Haus, sie schließen Freundschaften fürs Leben, steigen zum Gipfel ihrer Karriere auf oder gründen ein eigenes Unternehmen. Sie übernehmen bedeutende Ehrenämter oder entdecken eine Berufung, die Gott ihnen aufs Herz gelegt hat.

Der gemeinsame Einsatz verbindet, und was man geschaffen hat, erzeugt neues Glück. Dabei spielt es keine Rolle, ob das Projekt dem Paar selbst oder anderen Menschen zugutekommt. Denn auch das Wohl anderer macht sehr glücklich, wenn man dazu etwas beitragen durfte.

Wenn Sie im Sommer sind, dann verschenken Sie sich! Lassen Sie andere an Ihrem Glück teilhaben, indem Sie Ihre Kraft, Kreativität und Hoffnung einsetzen! Nutzen Sie die Kraft des Sommers.

Denn es wird auch einmal die Jahreszeit kommen, von der der Dichter Rainer Maria Rilke sagt: »Wer jetzt kein Haus hat, baut sich keines mehr. Wer jetzt allein ist, wird es lange bleiben.«

Der Herbst

Schon der Sommer kennt Gewitter. Doch danach ist die Luft frisch und klar, es wird rasch wieder warm.

Die Stürme im Herbst dagegen lassen Äste brechen und wehen Ziegel vom Dach. Flüsse werden braun und führen Treibgut mit sich, das eigentlich nicht in den Fluss gehört. Solche Stürme bringen eine Abkühlung mit sich, die uns daran erinnert: Der Sommer ist vorbei.

Der Herbst der Liebe kündigt sich mit Verletzungen an, mit Enttäuschungen und Missverständnissen. Im Frühling verzeihen wir einander alles, im Sommer packen wir die Probleme an und räumen sie aus. Dann hat sich der Streit wenigstens gelohnt.

Doch im Herbst können wir uns einander nicht mehr verständlich machen: Der andere begreift nicht, warum mich sein Verhalten verletzt, und kann es deshalb nicht ändern. Der andere verkennt meine Beweggründe und steckt mich in eine Schublade, die mir gar nicht gerecht wird. Der andere überfordert mich mit seinen Erwartungen und kann nicht davon lassen, weil er sonst enttäuscht oder ärgerlich wäre.

Das gibt es tatsächlich in den besten Liebesbeziehungen: Momente der Einsamkeit, in denen man dem anderen nicht nah sein kann und nicht verstanden wird. Paare sitzen vor mir und beteuern: »Wir haben uns eigentlich noch nie gestritten!« Und doch sind sie in den Herbst ihrer Liebe und schließlich sogar in den Winter geraten.

Partner, die vorher glückliche Singles waren, kommen mit dem Herbst der Liebe oft leichter zurecht. Denn sie können ihrem Leben Qualität geben, auch wenn es in der Paarbeziehung einmal kriselt. Zugleich liegt hier auch eine Gefahr: Sie könnten sich in einem Nebeneinander einrichten und den Weg zum Herzen des Partners nicht mehr suchen.

Für Menschen dagegen, die Nähe, Harmonie und Verbundenheit brauchen, kann schon der Herbst der Liebe eine schlimme Zeit sein. Solche Menschen kommen nicht mehr zur Ruhe, weil sie unbedingt herausfinden wollen, was los ist. Unablässig suchen sie nach Möglichkeiten, alles wiedergutzumachen. Weil dies jedoch nicht gelingt, geraten sie in ein Hamsterrad, in dem Annäherungsversuche, Misserfolge und Ohnmacht einander abwechseln.

An diesem Punkt hilft es, die Situation erst einmal anzunehmen, wie sie ist. Darin steckt auch eine gewisse Demut: »Ich hätte nie gedacht, dass uns so etwas passieren kann. Aber warum sollten wir schlauer oder reifer sein als andere Paare? Vielleicht habe ich mich überschätzt, und von mir zeigen sich gerade dunkle Seiten, die ich selbst noch nicht klar sehe. Vielleicht habe ich meinen Partner auch idealisiert und Seiten an ihm nicht wahrgenommen, die mir nun zu schaffen machen.«

Demut ist der Boden unseres Daseins. Auf ihm endet jeder Fall. Auch wenn der Sturz vielleicht schmerzhaft war, finden wir nun immerhin wieder festen Boden unter den Füßen.

Wir sollten uns klarmachen: Keiner hat das Recht auf eine krisenfreie Liebe. Also müssen wir uns gegen den Herbst der Liebe nicht wehren, sondern können seine Herausforderung annehmen. Wenn wir so schöne Zeiten hatten, lohnen sich auch die Zeiten, in denen sich jeder selbst im Weg steht und wir ein Problem nicht lösen können.

Lieben bedeutet dann, sich neuen Erkenntnissen über sich selbst zu öffnen und den anderen erst eimal so zu sehen und anzunehmen, wie er ist. Wir brauchen die vertrauensvolle Bereitschaft, uns selbst, den anderen, ein Problem oder vielleicht sogar das Leben an sich täglich neu zu begreifen. Die Bereitschaft, unserer Liebe kein »Wenn du ...« voranzustellen, sondern unabhängig von seinem Verhalten den anderen so gut zu lieben, wie wir das gerade können und wie es die Situation gerade zulässt.

Das kann zum Beispiel so aussehen:

- Bettina hat Ulf im Bett kritisiert. Er sei zu zögerlich, zu sanft. Doch auch auf mehrfaches Nachfragen kann Bettina nicht sagen, was sie genau damit meint und was sie sich anders wünscht. Ulf ist frustriert, gekränkt und entmutigt. Am liebsten würde er sich ganz vom Sex zurückziehen.
- Demut und Vertrauen würden hier bedeuten: Dranbleiben, ausprobieren und erkunden, was Bettina meinen könnte; vertrauen, dass mit der Zeit klarer wird, was fehlt; das Risiko eingehen, noch einmal kritisiert zu werden.
- Magnus macht Bemerkungen, die Lisa dumm dastehen lassen und oft auch verletzen. Aber er hat das erstens schon immer gemacht und Lisa hat sich früher daran nicht gestört. Im Gegenteil – sie fand sein Auftrumpfen witzig und hat sich an sein Selbstbewusstsein angelehnt. Zweitens beteuert Magnus, dass es wirklich nur Späße sind und dass er Lisa natürlich schätzt, von ihr aber Kritikfähigkeit erwartet.
- Demut und Vertrauen könnten sich hier zum Beispiel in der folgenden Haltung ausdrücken: »Ich bin vielleicht zu empfindsam, was deine Bemerkungen angeht. Ich möchte mich hier

entwickeln und in meinem Selbstwert weiterkommen. Aber ich will auch ehrlich zu dir sein und werde dir weitersagen, wenn mich etwas verletzt und kränkt. Du bist trotzdem nicht für meine Gefühle verantwortlich, und ich verlange nicht von dir, dass du dich mir zuliebe änderst.«

Vielleicht werden Sie es mir kaum glauben, aber Paartherapie macht nach einigen Sitzungen meistens Spaß. Es fließen zwar weiterhin Tränen, es entlädt sich auch einmal ein Zorn, aber die meiste Zeit herrscht eine heitere Stimmung.

Wir lachen viel zu dritt. Das liegt auch daran, dass der Herbst voller Überraschungen und hoffnungsvoller Wendungen ist. Die Probleme erleichtern es, ehrlich zu werden, falsche Ideale hinter sich zu lassen und einander in der eigenen Menschlichkeit anzunehmen. Wenn es gut läuft, kann ein Paar so den Winter überspringen, und es stellen sich wieder Frühlingsgefühle ein.

Nur, wenn ein Paar lange gelitten und vergeblich Auswege gesucht hat, legt sich eine Schneedecke über die Beziehung.

Der Winter

Der Winter der Liebe ist eine Zeit der Resignation. Wo man vorher gekämpft oder sich innerlich aufgerieben hat, kehrt nun Ruhe ein.

Doch es ist nicht die satte Ruhe eines Sommertages. Es ist eine Winterruhe, in der sich am Baum nichts mehr tut, weil das letzte Blatt zu Boden gefallen ist.

Im Winter der Liebe ruhen die Bereiche, in denen zwei Menschen einander verletzt und enttäuscht haben. Das kann die Intimität sein, das vertraute Gespräche oder gemeinsame Unternehmungen. Man weicht einander aus, um Konflikte zu vermeiden. Ab und zu zieht kalte Wut wie ein eisiger Wind durchs Haus.

Auch wenn im Alltag vielleicht noch manches funktioniert, ist doch ein schmerzlicher Abstand spürbar. Zwei Menschen erleben, was sie vorher kaum für möglich gehalten haben: Man kann auch an der Seite eines Partners einsam sein.

Manche wärmen sich dann am Feuer einer Seitenbeziehung. Andere lenken ihre Leidenschaft in ihren Job, in ein Ehrenamt oder ein soziales Engagement. Das kann beim Überwintern helfen, birgt aber auch die Gefahr, nicht mehr aus der Winterstarre zu erwachen.

Gerade der Winter beinhaltet nämlich eine große Chance für die persönliche und geistliche Entwicklung. In einer guten Liebesbeziehung ergänzen sich die beiden Partner gegenseitig: Wo einer von ihnen seine Schwächen und Grenzen hat, gleicht das der andere aus.

Im Winter ist allerdings jeder Partner auf sich selbst zurückgeworfen. Das lädt dazu ein, den eigenen Schwächen zu begegnen, sich tiefer mit sich selbst anzufreunden, die Quellen der eigenen Lebensqualität neu anzuzapfen und geistliche Wurzeln so tief wachsen zu lassen, dass sie bis ins Grundwasser der Gegenwart Gottes reichen.

Als Single waren wir gefordert, unserem Leben auch ohne Partner Sinn und Qualität zu verleihen. Der Winter der Liebe ruft uns erneut dazu auf.

Das muss jedoch nicht in einer bitteren Haltung geschehen: »Dann eben ohne dich!« Sondern es kann auch vertrauensvoll sein: »Vorübergehend ohne dich, aber wer weiß, vielleicht kann ich dich bald tiefer lieben und wieder beschenken.«

Manche Menschen haben ihren Winter der Liebe zum Beispiel so erlebt:

- »Ich bin meiner schweren Kindheit immer davongelaufen. Als es zwischen uns schwierig wurde, habe ich mir eine Seelsorgerin gesucht und mich meiner Geschichte gestellt. Das hat mir viel gebracht. Allmählich hat es sich zwischen uns auch wieder gebessert.«

- »Ich war ein ziemlicher Trampel und bin wohl oft über die Gefühle meiner Frau hinweggegangen. Wenn sie nicht irgendwann dichtgemacht hätte, wäre das wohl immer so weitergegangen. Es hat mir wehgetan, aber inzwischen bin ich feinfühliger, glaube ich.«

Wo Partner den Stillstand des Winters für ihre eigene Entwicklung nutzen, drücken sich bald die Krokusse durch die Schneedecke.

Ein Ja zu den Jahreszeiten

Jedes Paar erlebt seine Jahreszeiten natürlich anders. Manche befinden sich südlich der Alpen, wo selbst die Winter mild sind. Andere leben in skandinavischen Verhältnissen: Der Herbst setzt früh ein, der Winter dauert lange. Sie müssen sich auf eine ausgedehnte kühle Zeit einstellen und sich entsprechend dafür rüsten.

In welchem Klima ein Paar beheimatet ist, hängt hauptsächlich von den frühen Bindungserfahrungen beider Partner ab. (Vielleicht möchten Sie weitere Einzelheiten in dem Abschnitt »Das Geheimnis tiefer Bindungen« nachlesen.) Doch Paare, die ihren Garten der Liebe sorgfältig pflegen, erleben im Lauf der Jahre einen Klimawandel, der alle Jahreszeiten angenehmer macht.

Wenn Sie genau hinsehen, entdecken Sie den Kreislauf der Jahreszeiten auch in kleineren Zyklen. Zum Beispiel wird sich ein Urlaub vermutlich aus allen diesen Phasen zusammensetzen: Leidenschaft und Aufbruchsstimmung (Frühling), ein zufriedenes Glück, wenn Sie sich am neuen Ort gut eingefunden haben (Sommer), Irritation und Verletzungen (Herbst) und Momente, in denen Sie sich innerlich voneinander entfernen und einander nicht mehr verstehen (Winter). So können Sie die Sichtweisen und Tipps dieses Kapitels auch im Kleinen anwenden und in verschiedenen Situationen auf die natürlichen Veränderungen der Liebe reagieren.

Ein zuversichtliches Motto für Outdoorbegeisterte lautet schließlich: »Es gibt kein schlechtes Wetter, es gibt höchstens falsche Kleidung.«

Das könnte man auch auf die Jahreszeiten der Liebe beziehen: Jede Jahreszeit kann Ihr Glück vertiefen, wenn Sie sich ihr überlassen und die Herausforderung annehmen, die darin liegt.

Anregungen zum Gespräch

- Was hat Sie am Bild der Jahreszeiten angesprochen? Hat Ihnen dieser Blickwinkel eine neue Einsicht geschenkt?
- In welcher Jahreszeit befinden Sie sich wohl gerade? Welche Jahreszeiten haben Sie schon kennengelernt? (Seien Sie dabei aber nicht allzu selbstkritisch: Ein paar heftigere Streitigkeiten machen noch keinen Herbst, ein paar Tage innerer Rückzug noch keinen Winter.)
- Falls Sie sich im Frühling oder Sommer befinden: Wie könnten Sie diese gute Zeit nutzen, um Ihre Liebe weiter wachsen zu lassen und andere an Ihrem Glück teilhaben zu lassen? Wie könnten Sie die Anregungen dieses Kapitels aufgreifen, um auch dann gut dazustehen, falls einmal stürmischere oder frostige Zeiten kommen?
- Fall Sie sich im Herbst oder Winter befinden: Welche Anregungen dieses Kapitels könnten Sie nutzen, um diese Jahreszeit gut durchzustehen und sich wieder für einen Frühling zu öffnen?

Literatur

Antonovsky A, Sourani, T (1988): Family Sense of Coherence and Family Adaptation. Journal of Marriage and Family, Vol. 50, No. 1 (Feb., 1988), 79-92.

Berger, Jörg (2007): Ein loderndes Feuer. Frauen, Männer und das Wagnis der Intimität. Verlag der Francke-Buchhandlung GmbH, Marburg.

Berger, Jörg (2016): Stacheln in der Partnerschaft. Wie Sie Ihre Liebe vor Verletzungen schützen. Verlag der Francke-Buchhandlung GmbH, Marburg.

Berger, Jörg (2017): Liebe, die immer noch schöner wird. Wege zu einer tragfähigen Paarbeziehung. Verlag Springer Spektrum, Heidelberg.

Berkic, Julia, Quehenberger, Julia (2012): Bindungsspezifische Mechanismen der Emotionsregulation bei Langzeit-Ehepaaren. In: Brisch, KH (Hrsg.) Bindungen – Paare, Sexualität und Kinder, 36-60, Clett-Kotta Verlag, Stuttgart.

Bierhoff, Hans-Werner (2003): Dimensionen enger Beziehungen. In: Grau, Ina, Bierhoff, Hans-Werner (Hrsg.) Sozialpsychologie der Partnerschaft, 257-284, Springer Verlag, Berlin, Heidelberg.

Bodenmann, Guy (2000): Das Freiburger Stresspräventionstraining für Paare. In: Kaiser, Peter (Hrsg.) Partnerschaft und Paartherapie, 113-146, Hogrefe-Verlag, Göttingen.

Bodenmann, Guy (2000): Stress, kritische Lebensereignisse und Partnerschaft. In: Kaiser, Peter (Hrsg.) Partnerschaft und Paartherapie, 219-238, Hogrefe-Verlag, Göttingen.

Bodenmann, Guy (2003): Die Bedeutung von Stress für die Partnerschaft. In: Grau, Ina, Bierhoff, Hans-Werner (Hrsg.) Sozialpsychologie der Partnerschaft, 481-504, Springer Verlag, Berlin, Heidelberg.

Bodenmann, Guy (2007): Stress und Partnerschaft. Gemeinsam den Alltag bewältigen. Verlag Hans Huber, Bern.

Braukhaus, Christoph, Saßmann, Heike, Hahlweg, Kurt (2000): Erfolgsbedingungen von Partnerschaften. In: Kaiser, Peter (Hrsg.) Partnerschaft und Paartherapie, 173-189, Hogrefe-Verlag, Göttingen.

Brisch, Karl Heinz (Hrsg., 2012): Bindungen – Paare, Sexualität und Kinder. Klett-Cotta Verlag, Stuttgart.

Buchholz, Michael (2000): Intimität und Paare. In: Kaiser, Peter (Hrsg.) Partnerschaft und Paartherapie, 75-95, Hogrefe-Verlag, Göttingen.

Chapman, Gary (1998): Die fünf Sprachen der Liebe. Wie Kommunikation in der Ehe gelingt. Verlag der Francke- Buchhandlung GmbH, Marburg.

Clement, Ulrich (2006): Guter Sex trotz Liebe. Ullstein Verlag, Berlin.

Felmlee, D (1998): Fatal attracions: Contradictions in Intimate Relationsships. In: Harvey JH Perspectives on Loss, Routledge Chapman & Hall.

Fincham, FD, Beach, SR, Davila J (2004): Forgiveness and Conflict Resolution in Marriage. Journal of Family Psychology, 18, 72-81.

Fincham, FD, Hall, J, Beach, SRH (2006): Forgiveness in Marriage: Current Status and Future Directions. Family Relations, 55, 215-227.

Fokus (2006): Exklusiv-Studie. Der Seitensprung, Heft 19.

Frankl, Viktor (1992): Die Sinnfrage in der Psychotherapie. Piper Verlag, München.

Frankl, Viktor (2007): Ärztliche Seelsorge. Grundlagen der Logotherapie und Existenzanalyse. Deutscher Taschenbuch Verlag, München.

Gottman, John (1993): A Theory of Marital Dissolution and Stability. Journal of Family Psychology Vol 7 No 1, 57-75.

Gottman, John (1993): The Roles of Conflict Engagement, Escalation, and Avoidance in Marital Interaction: A Longitudinal View of Five Types of Couples. Journal of Consulting and Clinical Psychology Vol 61 No 1, 6-15.

Gottman, John (2008): Die 7 Geheimnisse der glücklichen Ehe. Ullstein Verlag, Berlin.

Grau, Ina (2003): Emotionale Nähe. In: Grau, Ina, Bierhoff, Hans-Werner (Hrsg.) Sozialpsychologie der Partnerschaft, 285-314, Springer Verlag, Berlin, Heidelberg.

Gupta, U, Singh, P (1982): An Exploratory Study of Love and Liking and Type of Marriages. Indian Journal of Applied Psychology 19 (2), 92-7.

Heekerens, Hans-Peter (2000): Wirksamkeit therapeutischer Hilfen für Paare. In: Kaiser, Peter (Hrsg.) Partnerschaft und Paartherapie, 405-421, Hogrefe-Verlag, Göttingen.

Kaiser, Peter (2000): Klärung von Ressourcen und Anfälligkeiten zur Verbesserung der Lebensqualität von Paaren. In: Kaiser,

Peter (Hrsg.) Partnerschaft und Paartherapie, 383-403, Hogrefe-Verlag, Göttingen.

Kaiser, Peter (2000): Partnerschaft und Herkunftsfamilie. In: Kaiser, Peter (Hrsg.) Partnerschaft und Paartherapie, 113-146, Hogrefe-Verlag, Göttingen.

Kaiser, Peter (2003): Transgenerationale Interaktionen und Partnerschaft. In: Grau, Ina, Bierhoff, Hans-Werner (Hrsg.) Sozialpsychologie der Partnerschaft, 111-136, Springer Verlag, Berlin, Heidelberg.

Kröger, Christoph, Lutz, Wolfgang (2006): Der therapeutische Umgang mit Untreue und Affären in nahen Partnerschaften. In: Lutz, Wolfgang (Hrsg.) Lehrbuch der Paartherapie. Ernst Reinhard Verlag, München.

Lutz, Wolfgang (2006): Probleme in Beziehungen und Partnerschaft und ihre Therapie – Einleitung und Überblick. In: Lutz, Wolfgang (Hrsg.) Lehrbuch der Paartherapie. Ernst Reinhard Verlag, München.

Lutz, Wolfgang, Weinmann-Lutz, B (2006): Behandlungsstrategien und Techniken der Paartherapie. In: Lutz, Wolfgang (Hrsg.) Lehrbuch der Paartherapie. Ernst Reinhard Verlag, München.

Möller, Michael Lukas (1992): Die Wahrheit beginnt zu zweit. Das Paar im Gespräch. Rowohlt Verlag, Reinbek.

Noyon, Alexander, Heidenreich, Thomas (2012): Existenzielle Perspektiven in Psychotherapie und Beratung. Beltz Verlag, Weinheim.

Reiss, Neele, Vogel, Friederike (2014): Empathische Konfrontation in der Schematherapie. Beltz Verlag, Weinheim.

Rohmann, Elke (2003): Fairness in Beziehungen. In: Grau, Ina, Bierhoff, Hans-Werner (Hrsg.) Sozialpsychologie der Partnerschaft, 315-342, Springer Verlag, Berlin, Heidelberg.

Schindler, Ludwig, Hahlweg, Kurt, Revenstorf, Dirk (2007): Partnerschaftsprobleme: Möglichkeiten zur Bewältigung. Ein Handbuch für Paare. Springer Medizin Verlag, Heidelberg.

Schindler, Ludwig, Hahlweg, Kurt, Revenstorf, Dirk (2006): Partnerschaftsprobleme: Diagnose und Therapie. Therapiemanual. Springer Medizin Verlag, Heidelberg.

Schnarch, David (2006): Die Psychologie sexueller Leidenschaft. Klett-Cotta Verlag, Stuttgart.

Schneewind, Klaus, Graf, Johanna, Gerhard, Anna Katharina (2000): Entwicklung von Paarbeziehungen. In: Kaiser, Peter (Hrsg.) Partnerschaft und Paartherapie, 97-111, Hogrefe-Verlag, Göttingen.

Schröder-Abé M, Schütz, A (2011): Walking in Each Other's Shoes: Perspective Taking Mediates Effects of Emotional Intelligence on Relationship Quality. European Journal of Personality 25,155-169.

Schulz von Thun, Friedemann (2014): Miteinander reden. Band 1-4. Rowohlt Verlag, Reinbek.

Stöcker, Kerstin, Strasser, Karin, Winter, Monika (2003): Bindung und Partnerschaftsrepräsentation. In: Grau, Ina, Bierhoff, Hans-Werner (Hrsg.) Sozialpsychologie der Partnerschaft, 137-164, Springer Verlag, Berlin, Heidelberg.

Von Sydow, Kirsten (2012): Bindung und Partnerschaft. Forschungsergebnisse und Implikationen für die Paar- und die Einzeltherapie. In: Brisch, Karl-Heinz (Hrsg.) Bindungen – Paare, Sexualität und Kinder, 61-79, Clett-Kotta Verlag, Stuttgart.

Wade, NG, Johnson, CV, Meyer, JE (2008): Understanding the Concerns about the Use of Interventions to Promote Forgiveness in Therapy. A Review of the Literature. Psychotherapy: Theory, Research, Practice, Training, 45, 88-102.

Wade, NG, Worthington, EL Jr., Meyer, JE (2005): But Do They Work?: A Metaanalysis of Group Interventions to Promote Forgiveness. In: Worthington, EL Jr. (Ed.).

Widmer, Kathrin, Bodenmann, Guy (2006): Die Förderung von Paarkompetenzen zur Vorbeugung von Beziehungsstörungen. In: Lutz, Wolfgang (Hrsg.) Lehrbuch der Paartherapie. Ernst Reinhard Verlag, München.

Veronika Schmidt

Alltagslust

Ganz entspannt zum guten Sex

Broschiert, 16,5 x 23,5 cm, 304 S.
Nr. 395.793, ISBN: 978-3-7751-5793-3
Auch als E-Book e

Guter Sex ist nicht nur möglich, sondern nötig. Die Erfolgsautorin Veronika Schmidt widmet sich in ihrem neuen Buch dem ganz normalen Alltag. In gewohnt erfrischender Weise lädt Veronika Schmidt dazu ein, den genussvollen Sex in der Ehe zu entdecken.

Bill & Pam Farrel

Männer sind wie Waffeln – Frauen sind wie Spaghetti

Paperback, 14 x 21,5 cm, 240 S.
Nr. 395.710, ISBN: 978-3-7751-5710-0
Auch als E-Book e

Humorvoll und einfühlsam erklären Bill und Pam Farrel, was IHN auf Touren bringt und SIE auf die Palme. Oder umgekehrt. Ein ganz besonders Paar-Buch, das hilft, die Einzigartigkeit beider Geschlechter besser zu verstehen und ihr Leben bereichern, statt es auszulaugen.

Bitte fragen Sie in Ihrer Buchhandlung nach diesen Titeln!
Oder schreiben Sie an: SCM Hänssler in der SCM Verlagsgruppe GmbH, D-71087 Holzgerlingen; E-Mail: info@scm-haenssler.de;
Internet: www.scm-haenssler.de